LES TRIBUS KAVATI

DU MAYOMBE

LES
TRIBUS KAVATI
DU MAYOMBE

NOTES ETHNOGRAPHIQUES

PAR

HECTOR DELEVAL

BRUXELLES

VROMANT & C⁰, IMPRIMEURS-ÉDITEURS

3, RUE DE LA CHAPELLE

—

1913

LES TRIBUS KAVATI

DU MAYOMBE

Issue du massif montagneux du Kodomazu, la Lubuzi suit une large vallée, en partie couverte de forêts encore vierges, jusque dans la région de Maduda. De là, la vallée se rétrécit, devient plus pittoresque et plus sauvage jusqu'aux rapides situés à quelques centaines de mètres du centre commercial de Boma Vonde. Dans son parcours, la Lubuzi passe près des missions de Maduda et de Kizu, où sa rive droite est bordée d'une belle plantation de cacaoyers et d'arbres à caoutchouc. A quelques kilomètres en aval de la mission, elle passe près du poste de Tshela, puis elle pénètre dans les régions très accidentées et déboisées de Kimuela et de Singinini, ensuite dans les régions couvertes de palmiers élaïs de Dizi et de Kwimba.

A partir de Boma Vonde jusqu'à son confluent dans la Lukula, cette belle rivière est navigable pour les pirogues et les petites embarcations.

La Lubuzi traverse la partie du district du Bas-Congo qui porte le nom de Mayombe, dans une direction nord-est-sud-ouest.

Dans la première partie de son cours, la Lubuzi reçoit, à droite, les rivières Sié et Pemba. A cet endroit, la vallée s'élargit et forme une belle région dont le terrain presque plat est entouré de hautes montagnes limitant le bassin des trois rivières; celles du nord forment la chaîne de montagnes qui se termine au Kodomazu.

Le sol de la vallée, généralement très riche, est particulièrement fertile à l'endroit, décrit ci-dessus, qui forme la région de Maduda. Il est composé d'une épaisse couche d'argile reposant sur un lit de cailloux roulés, mis à nu au fond des rivières.

Sauf les endroits occupés par les villages et les cultures indigènes, le pays est couvert d'une épaisse forêt faisant partie des grandes forêts du nord.

Ces forêts sont remarquables par la diversité des essences qui croissent les unes à côté des autres; les bois de construction de différentes espèces se trouvent à côté des bois inutilisables; de nombreuses lianes s'enchevêtrent jusque dans les plus hautes cimes; cependant elles sont beaucoup plus abondantes sur les lisières et dans les jeunes forêts. J'ai remarqué des parties de vieilles forêts dépourvues de sous-bois et ne comptant que quelques rares lianes.

Le gibier abonde dans ces régions. Les principales espèces sont : les léopards, les civettes, les genettes, les écureuils, plusieurs espèces d'antilopes et le cochon sauvage. L'éléphant se rencontre au sud-ouest et le buffle dans les régions entrecoupées de savanes.

Ce pays est occupé par la famille des Kavati.

Kavati Goma, issu de la région de Vaku située au sud de la rivière Bavu et occupée en majeure partie de familles Kipudi, est venu s'installer avec sa famille comprenant ses femmes, ses enfants et ses esclaves, à l'endroit appelé actuellement Maduda. Ses descendants, Matanga, Maduda, Buela et Ma Genga, décédés, ont laissé comme successeurs actuels les nommés Genga et Kiototo.

Ces deux notables ne sont que des chefs de familles et ils reconnaissent l'autorité que leur neveu exerce sur toute la région du nord-est du Mayombe, formant la chefferie de Maduda.

C'est Kavati Goma qui donna le nom à la tribu et le nom de Maduda a été maintenu au village à la mort du chef ainsi appelé, par suite de l'existence, à cet endroit, d'une mission protestante, qui a pris, lors de son installation, le nom du village le plus proche.

A l'arrivée des premiers missionnaires dans cette région, le chef Maduda était encore en vie.

Avec les tribus Makaba, Nanga, Benza, Manianga, Kipudi, Yombe, Djimbi et Numbu, les Kavati acceptent l'appellation de Yombe ou Mayombe. Toutes ces tribus descendent des Manianga. Une histoire rudimentaire de leur entrée dans le pays, dit Mayombe, est assez connue de tous les chefs.

Par suite d'une famine qui régnait dans les régions de l'est, les Manianga sont passés dans les forêts du Mayombe avec l'espoir de s'y ravitailler et d'y vivre du produit de leur chasse; ils sont restés sur les lieux formant de petits groupements disséminés dans le pays; telles sont les chefferies de Bala à l'ouest de la plantation Ursélia, de Zobé au confluent de la Lukula dans le Loango, de Sette Vinda sur la rivière Dizi Dizi.

Les Makaba, branche cadette des Manianga, ont passé le fleuve à Tshionzo sous la conduite du chef Makaba, dont les frères et sœurs étaient Taba dia Vumvu (femme), Makaï ma Vumvu (femme), Lembe dia Vumvu (femme), Kéngé dia Vumvu (femme) et Zondo (homme). La première a donné les chefs commandant à Tshionzo et Binda, la troisième ceux de Kafuzi Sekembanza et Kimongo.

Les cinq principales tribus de Makaba sont : Djimbi Koté, Makuku Tinu, Kipudi, Numbu Zinga et Nanga na Kongo. Celles-ci en ont formé d'autres, tels les Mongo, les Benza, etc.

Toutes ces tribus ont les mêmes mœurs et se considèrent descendantes des Manianga. Elles occupent des régions très différentes, nues et acci-

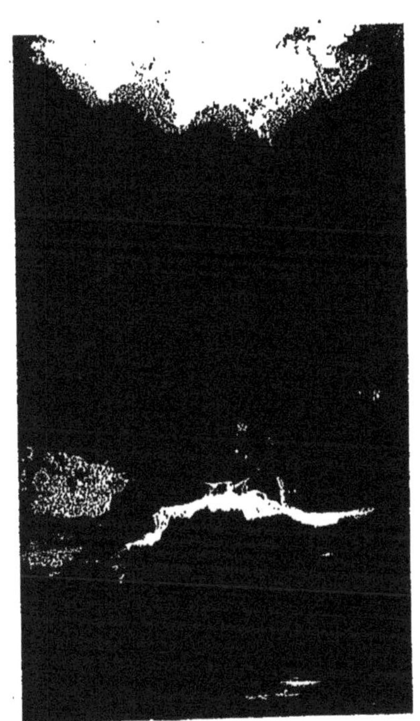

1. CHUTE DE BOMA VONDÉ SUR LA LUBUZI.

2. CHEF DE MADUDA ET SA FEMME LÉGITIME.

3. ANCIEN VILLAGE DE KONDÉ ET PASSAGE A GUÉ DE LA LUBUZI.

dentées, tels les Makaba de la chefferie de Kafuzi et les Kipudi de la chefferie de Vaku, ou des régions boisées, tels les Kavati de la chefferie de Maduda, les Manianga de la chefferie de Bala, et aussi des régions nues et plates, tels les Manianga de la région de Zobe (Kaïka Zobe).

Les notes qui suivent ont été prises dans la tribu des Kavati, mais elles se rapportent aux tribus précitées, sauf pour celles rapprochées des anciens centres d'Européens et des frontières portugaises, où elles ont perdu leur caractère par l'introduction d'habitudes prises à l'étranger.

La tribu Kavati, installée dans les vallées de la Lubuzi et de la Sié, comprend six villages qui sont : Kingenga, Kiototo, Kidimba, Kimasunda, Kilalu et Kinzonzika.

Les tribus voisines sont les Nanga, les Kipudi et les Sundi ; ces derniers sont situés sur la Lubuzi en amont de Maduda, mais ils n'ont aucun lien de parenté avec les autres.

La désignation par le nom de la tribu disparaît devant le nom de la chefferie ; beaucoup d'indigènes ignorent même à quelle tribu ils appartiennent.

Anciennement, les voyageurs étaient heureux de se faire connaître par les groupes de leur tribu qu'ils trouvaient sur leur route ; ils s'assuraient ainsi des protections et des recommandations pour continuer leur voyage.

Le mot tribu se traduit par « vila » et celui de famille par « kanda ».

Les hommes et les femmes sont forts, bien constitués et assez musclés ; ils sont de taille moyenne, très endurants et résistent à de longues marches en terrain accidenté.

Les porteurs Mayombe des environs de Maduda m'accompagnaient dans mes voyages durant 50 à 60 jours, portant une charge de 30 kilogrammes par des chemins très accidentés, à une allure rapide, à raison de 5 à 7 heures de marche par jour. Ils n'avaient comme nourriture que des bananes, généralement cuites sous la cendre, et ils passaient souvent la nuit sans abri, n'ayant qu'un morceau de natte ou des feuilles pour éviter le contact direct avec le sol.

Pendant la marche, l'attitude du corps est droite ; au repos ils prennent la position assise, les jambes croisées ou non, le haut du corps en avant, sauf quand ils peuvent appuyer le dos contre un arbre ou un objet offrant de la résistance.

Pendant le sommeil, ils sont généralement couchés sur le côté droit, les mains sous la joue, les jambes pliées, les pieds approchés du feu.

Ils ont une très grande résistance à la faim ; ils passent aisément plusieurs jours avec quelques noix de palme ; par contre, quand la nourriture abonde, ils mangent toute la nuit.

Ils aiment à boire beaucoup d'eau et, lorsque la chaleur est forte, ils éprouvent le désir de s'arrêter à toutes les rivières. Je n'ai jamais eu l'occasion d'éprouver leur résistance à la soif.

Le pays occupé par les peuplades mayombe est très riche en gibier; cette abondance de viande, dont ils sont très friands, doit certes avoir une influence sur l'état physiologique des populations. La principale occupation des hommes est la chasse.

La couleur de leur peau varie du brun clair au noir; les indigènes à peau claire sont préférés aux autres.

Il n'y avait pas d'albinos dans la tribu Kavati, mais il en existe dans la tribu Nanga; ils vivent dans les mêmes conditions que les autres indigènes; ils sont considérés comme pouvant faire des fétiches avec leurs cheveux et leurs ongles, aussi vendent-ils ces objets aux féticheurs.

Les cheveux sont crépus et très épais; les femmes les coupent courts à environ 2 centimètres; les hommes les portent en brosse, très courts sur les côtés et derrière. Ils ont peu de poils sur le corps. Peu d'indigènes portent la barbe, celle-ci pousse généralement assez tard.

. Leurs yeux ont la forme ordinaire, l'iris est brun; ils sont peu expressifs, mais montrent une certaine intelligence.

Les enfants ont le ventre très proéminent jusque l'âge de 5 à 6 ans.

Sauf les tatouages et la circoncision, le corps des hommes et des femmes n'est l'objet d'aucune déformation.

Les incisives supérieures sont entaillées chez les deux sexes.

La circoncision se fait chez l'enfant de sexe masculin à l'âge de 6 à 7 ans; si elle a lieu à un âge plus avancé, elle n'est pratiquée que sur la demande de l'intéressé. C'est généralement le père qui décide de l'opération; elle se fait derrière la case, par un individu adroit, sans cérémonial. Le patient étant debout, au moyen

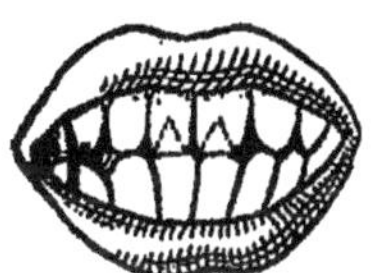

Incisives supérieures entaillées suivant le pointillé.

de terre blanche, l'opérateur indique l'endroit à inciser; ensuite l'ablation se fait au moyen d'une lame quelconque bien aiguisée; le morceau de peau est jeté dans les herbes. L'opéré entre dans une case où il s'accroupit au-dessus d'un petit feu de bois de kula de manière à maintenir la plaie dans la fumée; celle-ci a, paraît-il, le don de cicatriser.

Si, pendant l'opération, la douleur fait jeter au patient le cri de « mama », c'est de mauvais augure, tandis que le mot « tata » est un signe certain de prompte guérison. On compte un mois pour la guérison complète. Le but de cette opération est d'éviter le ridicule auprès des femmes. Celles-ci n'aiment pas les hommes non circoncis; elles leur reprochent de ne pas pouvoir produire d'enfants.

Les jeunes femmes se font faire de gros tatouages sur le dos et de plus petits sur les bras, la poitrine, le ventre et les cuisses; ces tatouages se font par des personnes expertes.

Les jeunes hommes se font quelquefois faire une série de petits points saillants sur le dos et sur la poitrine.

On constate souvent un grand nombre d'incisions sur les joues et le front chez les personnes des deux sexes; ce sont les résultats des ventouses qui leur sont placées pour faire passer la fièvre et les maux de tête.

Les indigènes Mayombe ont généralement le caractère gai et, entre eux, ils sont très bruyants. Ils sont courageux, doux, très dévoués envers leur famille, leur chef et même envers le blanc. Ils ne sont pas paresseux, mais insouciants; les chefs et notables sont quelquefois sincères, mais les autres sont généralement menteurs. Ils lient facilement des relations amicales même avec des noirs de race différente; le principal résultat est l'échange de cadeaux.

Dans aucun de leurs actes, je n'ai constaté de la haine contre le blanc. Cependant ils sont très défiants, surtout entre eux; ils aiment à dire que l'on ne connaît jamais le fond du cœur (pensée) de son voisin, fût-il un frère.

Les noirs du Mayombe mènent une vie sédentaire; ils déplacent leur village lorsque l'emplacement est devenu insalubre ou à la suite de la mort du chef. Ils reviennent après un certain nombre d'années sur les emplacements abandonnés par leurs ancêtres, car, dans leurs déplacements, ils ne quittent jamais la région.

Suivant les saisons, les hommes s'occupent de défricher les champs pour les cultures, de construire des cases, de fabriquer du vin de palme, de préparer de l'huile et des noix de palme et, pendant toute l'année, ils se livrent à la chasse [1] et au règlement de leurs palabres.

Les femmes s'occupent des cultures, de la préparation des repas, de la pêche, de la fabrication des nattes, des paniers et des poteries. Les garçons accompagnent leur père jusqu'à ce qu'ils soient assez grands pour s'occuper seuls, les filles restent avec leur mère et l'aident dans ses travaux.

Tous vivent du produit des cultures, de la chasse et de la pêche.

ALIMENTATION

L'indigène se nourrit principalement du produit de ses cultures, mais il n'est végétarien que lorsqu'il ne peut pas se procurer de la viande.

Les principaux PRODUITS CULTIVÉS sont : la banane, *bitebe ;* le manioc, *mayaka ;* les haricots, *madezo ;* les arachides, *guba ;* les patates douces,

---

1. Les lois sur la chasse ne peuvent guère être appliquées que dans les environs des postes et stations.

bala jangidi ; les ignames : 1° *bala sendé,* 2° *bunzi,* 3° *makamba,* 4° *mavoso,* 5° *tadi tadi,* 6° *vuma ;* les *malanga,* plantes à feuilles larges et à racine féculente comestible; la salade de moutarde, *sargutu ;* le chou, *koya ;* les pois, *wandu ;* le maïs, *masangu ;* les fruits cultivés aux environs des villages sont : le *safu* et le *kola ;* on rencontre aussi des manguiers et des citronniers.

Les FRUITS DE LA FORÊT sont : *pava,* espèce de châtaigne; *kumunu,* espèce de noix; *meba,* gros fruit dont on mange le noyau cuit; *bidi,* espèce de petite prune; *gazi,* noix de palme; *nuna,* fruit rouge venant en grappes sur le tronc de l'arbre nuna et ressemblant à une grappe de gros raisins; *mafubu,* ananas.

ALIMENTS PRÉPARÉS. La *moamba* entre dans la préparation de presque tous les mets indigènes; elle se fabrique avec la noix de palme. Celle-ci est bouillie à l'eau, puis écrasée dans un mortier de manière à détacher la pulpe qui est mélangée à un peu d'eau. On sépare ensuite le liquide des fibres en les pressant dans la main et au moyen d'une passoire en fibres de palmier. — *Gonzo,* jeunes pousses de manioc avec la moamba de noix de palme; se prépare aussi en y mêlant des bananes bouillies, coupées en morceaux. — *Suesma,* feuilles de haricot cuites et écrasées avec de la moamba. — *Bitoto,* bananes bouillies coupées en morceaux et mêlées à la moamba. — Manioc bouilli, coupé en morceaux avec de la moamba. — Manioc bouilli. — Patates douces et ignames avec de la moamba. — Haricots bouillis avec de la moamba.

Passoire
pour moamba.

— Noix de palme grillées dans la cendre ou bouillies. — Salade de moutarde cuite seule ou avec des bananes et de la moamba.

ANIMAUX DOMESTIQUES. Porc, *gulu ;* chèvre, *kombo ;* mouton, *mèmé ;* poule, *sussu ;* canard, *varangu.*

ANIMAUX DE LA FORÊT. Antilopes, *kabi ou kaï ;* antilope harnachée, *sofi* (cervicapra); antilope géante, *vudi ; sesse ; suma ; duangi* (cephalophe), *kuti* et *sumbi ;* buffle, *pakassa ;* cochon sauvage, *gulu situ ;* genettes, *tumbuki* et *singi ;* chat sauvage, *bako ;* civette, *zobo ;* genette, *zuzi ;* écureuils, *lumvinda, lubuku, luvadi ;* pangolin, *kaka ;* tortue, *bonga ;* anthérure, *gumba ;* gros rongeur, *zibizi ;* rongeur, *kumbi ;* singes, *kina, kikanda ;* chimpanzé, *kimpenzé ;* gorille, *pungu ;* pigeon vert, *dinga ;* pigeon ramier, *bembé ;* tourterelle, *buli koko* (corythacola cristata); *lukeke* (turacus persa); *guanza* (lamprocolius) et une grande quantité d'autres petits animaux et oiseaux dont je ne connais pas les noms.

Parmi les POISSONS qui peuplent les rivières, les indigènes désignent les espèces suivantes : *gola, simiza, kuma, muengi, lufula, velo, koko, kikukulu,* etc., parmi lesquels le *catfish* et des *silures.*

(Phot. du Rév. Wiliams)

1. FRUITS RÉCOLTÉS A LA MISSION DE KINKONZI MAYOMBE.
2. PORCS DOMESTIQUES

Les viandes se préparent de l'une des manières suivantes : viande bouillie et recuite dans la *moamba ;* la poule avec des haricots ou des bananes dans la *moamba ;* viande cuite avec des patates douces ou des ignames ; poisson avec des *kumunu* et de la *moamba ;* viande avec de la *moamba* d'arachide. La *moamba d'arachide* s'obtient en écrasant des arachides grillées ; les arachides s'accommodent bien avec la poule ; elles entrent dans la composition des mets les plus recherchés.

La canne à sucre ou *minsengé* remplace le sucre, se mange seule et n'entre dans aucune préparation.

Actuellement, l'huile de palme est employée pour la préparation des aliments, mais anciennement on n'employait que la *moamba* de palme ou d'arachide.

Le sel se vend à un prix assez réduit, il entre dans la préparation de tous les aliments ; quelquefois il est conservé dans des bouteilles, mélangé au *pilipili* (piment indigène) séché. Le pilipili est employé dans toutes les préparations en assez grande quantité.

Les viandes doivent toujours être bien cuites ; l'indigène ne mange jamais de viandes saignantes ni d'œufs crus. Ces derniers sont cuits durs dans l'eau ou sur la cendre. Les légumes sont toujours bouillis.

Sauf les malanga, les hommes mangent tout ; tandis que les femmes ne mangent pas la poule (actuellement certaines d'entre elles en mangent). Les coutumes leur défendent de manger du léopard, du chat sauvage, de la civette, de la genette et du pangolin ; elles ne mangent pas non plus le poisson *gola* (cat fish), poisson à tête plate ayant des barbes.

L'anthropophagie n'existe pas et les indigènes prétendent que leurs ancêtres n'ont jamais connu cette coutume.

La géophagie n'existe pas ; il arrive cependant que des femmes enceintes mangent de la terre ou des cendres : c'est par simple caprice individuel.

L'indigène fait une grande consommation d'alcool de traite ; tous en boivent : hommes, femmes et même les enfants à la mamelle.

La seule BOISSON indigène est le vin de palme. Ce vin s'obtient en perçant le bourgeon du palmier ; un drain, placé dans l'incision, amène la sève dans une calebasse. Pour maintenir l'écoulement continu, l'incision doit être ravivée matin, midi et soir. La sève, ainsi recueillie, ne subit aucune préparation ; fraîche, c'est une boisson agréable et laxative, mais l'indigène la préfère fermentée, aussi ne la boit-il que le soir ou le lendemain ; pour lui enlever son aigreur, il y ajoute un grain de pilipili.

Le vin de palme provoque une ivresse lourde et amène rapidement le sommeil ; tous en boivent, hommes, femmes et enfants.

Le *pilipili* est employé dans toutes les préparations ; il a pour effet de donner de la saveur aux aliments et de les rendre plus digestes, surtout pour les préparations à la moamba.

Le *venzi* est un arbre dont les fruits et l'écorce ont une odeur d'oignon. Il est aussi employé dans la préparation des repas.

La *noix de kola* est employée par les voyageurs pour résister à la faim. Pendant la saison sèche, tous les vieillards en mangent.

Les hommes et les femmes font une grande consommation de tabac indigène ou de provenance européenne; ils usent également du tabac à priser, surtout les vieillards. Ils préparent eux-mêmes leur tabac à priser, en écrasant des feuilles de tabac entre deux pierres; ils y ajoutent de la cendre de bois très fine.

L'habitude de fumer du chanvre a complètement disparu.

Certains aliments sont défendus par le *Ganga* (féticheur) au malade qui suit un traitement.

Les indigènes faisant partie de certaine secte secrète, décrite plus loin, ne peuvent pas manger certains animaux dans un même plat avec ceux qui ne font pas partie de la même société.

Les coutumes interdisent aux femmes de manger de la poule, le poisson *gola* et la chair de tous les félidés. Ces derniers, étant des animaux supérieurs, sont réservés aux hommes, seuls dignes de manger leur chair.

Généralement, les aliments sont cuits à l'eau ou rôtis sur la cendre; les arachides, les kumunu, les noix de kola, la canne à sucre et la banane mûre sont les seules choses que l'indigène mange crues. Il ne dédaigne pas la viande un peu avancée, il la trouve plus savoureuse.

Les femmes préparent la nourriture; elles apportent tous leurs soins pour offrir à leur mari, à leurs enfants et aux hôtes des aliments bien préparés et qu'ils trouvent à leur goût. Le mari fait une grave insulte à sa femme en ne mangeant pas les aliments qu'elle lui a préparés.

Les repas se prennent en famille, sous un hangar : le père, ses enfants et ses invités mangent au même plat; les femmes et les fillettes mangent à l'intérieur de la case. Les seuls ustensiles dont ils se servent sont la cuillère et le couteau; anciennement les cuillères étaient en bois, actuellement elles sont en métal. Le plat est déposé sur une natte autour de laquelle les personnes se rangent; quelquefois il est posé sur une table, dans ce cas, les convives prennent place sur des sièges. En général, les aliments sont mélangés, mais il arrive que les viandes soient servies à part.

Les viandes sont conservées par le séchage et la fumée; les haricots et les arachides sont séchés et mis dans des paniers spéciaux. Il n'existe pas de greniers; aussi l'indigène ne conserve-t-il que les semences qui lui seront nécessaires à l'ensemencement de ses champs.

TATOUAGES CHEZ LES FEMMES MAYOMBE.

SOINS DONNÉS AU CORPS

Les indigènes se lavent le matin à l'eau; ceux qui sont employés par les Européens se servent de savon, mais au village cet usage est très réduit. Ils s'enduisent ensuite le corps de poudre de kula pour donner à la peau une couleur rouge, ton très apprécié par l'indigène. Les chefs sont lavés par leurs femmes à l'eau rougie au kula; ils mettent en plus un peu de poudre blanche près des oreilles.

La poudre de kula s'obtient en frottant l'un contre l'autre deux morceaux de bois de kula entre lesquels on introduit un peu de sable et quelques gouttes d'eau; la pâte obtenue est formée en boule et séchée. Le bois rouge pourpre est le plus recherché.

Les cheveux sont peignés [1] au moyen du démêloir indigène, les hommes les portent en brosse, les femmes les maintiennent courts; ils ne se rasent la tête que lorsqu'elle est envahie par des parasites.

Les hommes se font raser le duvet du front et du cou de manière à dégager les côtés de la tête, tandis que, chez la femme, on rase les cheveux de manière à lui former une calotte aussi ronde que possible. Les hommes, sauf quelques chefs, se rasent la barbe et la moustache; ils ne s'épilent pas.

Les soins de la bouche consistent en un lavage à l'eau le matin et après les repas. Les indigènes du Mayombe ne prennent pas soin des ongles.

Le jeune homme se nomme *toko*, la jeune fille *dumba;* ils ont plus de soins de leur corps que les personnes plus âgées. Le mot *kitoko* signifie beau, élégant; le mot *kindumba* signifie imiter la jeune fille et prostitution. Toute femme jeune, non mariée, est désignée sous le nom de *dumba*. *Boba* signifie vieille femme.

Certains indigènes se livrent à la natation et à la lutte; presque tous les jeunes gens jouent à la balle et pratiquent la danse des jambes appelée *suza*. Cette dernière développe l'agilité. Un chant et des battements de mains sur le bras et sur le ventre donnent la cadence. Les jeunes gens étant rangés sur une ligne, l'un d'eux prend l'attaque en se plaçant devant celui qui occupe l'une des extrémités. S'il reste vainqueur, il prend place en face du second et ainsi de suite jusqu'à ce qu'il soit vaincu, c'est-à-dire que l'un d'eux ait levé, au même instant que lui, le même pied et, dans ce cas, il prend la place du gagnant qui continue l'attaque. Cet

---

1. Contrairement à l'avis de M. Claessens (*Monographie des Mayombe*, p. 83), presque tous les indigènes se peignent les cheveux après s'être lavés. Si les porteurs ne prennent pas ce soin en cours de route, c'est à cause de leur charge; mais, le jour du départ pour le village, ils s'arrangent la tête. Le démêloir est d'ailleurs un objet de fabrication indigène, très répandu dans tout le Mayombe.

exercice demande une grande attention et surtout une grande agilité.

Les jeunes filles et les femmes se développent les hanches et le torse par la danse. Les hommes se livrent également à la danse chaque fois que l'occasion se présente : festivité, clair de lune ou abondance de boisson.

Les jeunes femmes se font tatouer le dos, les épaules, les bras, la poitrine, le ventre et quelquefois les reins et les cuisses. Ces tatouages se font à l'âge de 10 à 15 ans; sur le dos et sur la poitrine ils sont quelquefois très gros et représentent des dessins rectilignes, formés d'une série de petits points saillants.

Les jeunes hommes se font parfois tatouer les épaules et le haut de la poitrine. Ces tatouages, formés d'une quantité de petits points en relief, isolés, ne forment aucun dessin continu.

Le tatouage à représenter est dessiné sur la peau au moyen de terre blanche (kaolin); ensuite l'opération consiste à introduire sous la peau pour la soulever, une aiguille d'autant plus grosse que le tatouage doit être saillant; la partie ainsi soulevée est entaillée sur l'aiguille dans le sens de la longueur. Lorsque le tatouage doit être grand, on n'entaille qu'une partie, l'autre se fait après la cicatrisation des premières incisions.

Cette opération n'est l'objet d'aucun cérémonial; elle ne se fait qu'à la demande de la personne intéressée, indifféremment par un homme ou une femme expert dans le métier [1]. (Voir pl. III et IV.)

Immédiatement après l'opération, les entailles sont couvertes de poudre de bois de kula. Le but des tatouages est de satisfaire la coquetterie [2].

Le vêtement de l'homme consiste en une pièce d'étoffe, longue de 3 à 4 mètres, dont une partie s'enroule autour des reins pour former pagne et le reste vient couvrir les épaules. Actuellement, beaucoup d'individus portent des vêtements à l'européenne.

La femme porte un petit pagne à franges fermé sur la hanche au moyen d'un bouton, une partie d'une jambe reste visible. Ce pagne porte le nom de *vanda*. La jeune fille porte autour du cou ses richesses en perles, coraux, des anneaux de cuivre très minces, des colliers en crins d'éléphant et en fibres tressées. La femme mariée se couvre les seins au moyen d'une petite étoffe garnie de franges et, plus généralement, au moyen d'un mouchoir noué par deux bouts autour du cou.

Actuellement, on les rencontre souvent vêtues de petites blouses à l'européenne faites en tissu léger et de grands pagnes.

Généralement, pendant les travaux, les femmes ne portent aucun vêtement, une bandelette, passant par la ceinture devant et derrière, couvre les parties sexuelles.

1. Le tatouage mayombe est bien caractéristique, surtout chez les femmes. Sauf la variation dans le dessin, l'ensemble reste toujours le même.

2. Voir la description très détaillée des tatouages du Mayombe par le R. P. Bittremieux dans *Onze Kongo*, III, fasc. 1, pp. 1-16. (N. D. L. R.)

Les femmes portent toutes des perles et des cordelettes à la ceinture, ainsi qu'une cordelette ou un rang de perles au-dessus des seins. Le but de cette ceinture est de faire tomber les seins pour réduire les douleurs causées par la congestion des glandes, lors de la naissance du premier enfant.

Hommes, femmes et enfants portent des anneaux de cuivre aux lobes des oreilles et de nombreux anneaux d'étain et de fer aux poignets et aux chevilles. Cependant, cette coutume tend à disparaître, de même que les anneaux de cuivre et les cordelettes qui ornent le haut des bras.

Les hommes s'occupant au village ont encore, fréquemment, des anneaux de cuivre au biceps gauche. C'est entre cet anneau et la peau qu'ils portent le couteau avec lequel ils entaillent les palmiers pour la récolte du vin de palme.

Les hommes ont toujours un couteau à la ceinture, parfois une cordelette ou un rang de perles au cou et sous le genou. Les femmes portent aussi des perles sous les genoux.

Les chefs et les notables portaient des bérets faits en coton, fibres d'ananas, de raphia et d'autres végétaux, mais, actuellement, tous les hommes portent des coiffures de provenance européenne : fez, chapeaux de feutre de toutes formes et chapeaux de paille.

Le cuivre servant à la fabrication des anneaux leur arrivait du Chiloango ; actuellement ils emploient le cuivre et le laiton importés d'Europe.

Quelques individus commencent à porter des chaussures de provenance européenne.

Les femmes qui sont dans le *kikumbi* (voir plus loin) portent, lorsqu'elles sortent de la case, pour éviter de se salir les pieds, des chaussures faites de feuilles ou de vieilles chaussures européennes.

Outre les ornements décrits ci-dessus, les indigènes portent, au cou, aux bras et à la ceinture, des fétiches qui doivent les préserver des mauvais sorts et des maladies. Quelquefois, c'est par ordre du féticheur ; l'indigène croit aveuglément sans chercher la raison.

Les jeunes mères portent, au cou et sur la tête, une quantité de fétiches formés de noyaux de fruits, de coquillages et de petits anneaux de bois taillés, dont le but est d'éloigner les maladies et les mauvais sorts de la mère et de l'enfant.

A la naissance de deux jumeaux, si l'un meurt, le survivant porte au cou, jusqu'à l'âge de raison, un petit bois taillé en forme de poupée qui représente le frère ou la sœur mort. La mère lui rappelle toujours sa parenté avec le petit représentant du défunt. C'est, d'après l'indigène, le seul moyen d'empêcher le survivant de rejoindre le défunt.

Les hommes portent ordinairement à la ceinture un morceau de bois dur taillé en forme de croissant auquel ils attribuent une heureuse influence. (Voir fig. page précédente.)

HABITATION

Les villages sont généralement construits sur des monticules dominant, en partie, la vallée; rarement, au bord des cours d'eau, mais à quelques centaines de mètres. (Voir pl. V.)

Les indigènes préfèrent les montagnes élevées parce qu'ils les considèrent comme plus saines et, s'ils ne se conforment pas toujours à leur préférence, c'est par crainte des violents coups de vent et des tempêtes. Ils considèrent les fonds comme malsains et les réservent à leurs cultures.

Dans les régions moins boisées, les villages sont préservés contre la tourmente par une ceinture de bananiers et de palmiers.

L'indigène ne s'occupe pas de l'orientation dans la construction du village. Cependant il tient compte de la direction des grands vents.

Les cases sont de forme rectangulaire, larges de 2^{m}50 à 3 mètres et profondes de 3 à 10 mètres et même plus. La hutte du jeune homme est très simple et très petite; elle ne contient qu'un lit, quelques nattes et le matériel nécessaire à monter au palmier. Celle de la femme mariée a au moins 6 mètres de profondeur; elle comprend, à l'avant, une véranda clôturée de troncs de bois tendre, fendus en deux et placés les uns contre les autres. C'est dans cette place que la femme prépare la nourriture et fait tous ses travaux; on y trouve le bois de chauffage, les gros objets de ménage, tels le mortier à noix de palme, la pierre à écraser les arachides et le piment, les bois de kula en usage, et, en permanence, pendu au faîtage du toit, au-dessus du feu, le panier dans lequel les viandes sèchent.

Au toit, sont suspendus les paniers destinés à la pêche, les grands et les petits paniers employés pour le transport des produits des cultures, des aliments et pour le séchage des haricots, des arachides, etc. Sur une claie suspendue à l'un des côtés de la toiture se trouvent les marmites et les poteries non en usage.

La seconde place comprend le lit de la femme et ceux des petits enfants, généralement à l'entrée contre l'une des parois de droite ou de gauche. On recherche surtout l'emplacement le plus abrité et le plus sec de la chambre. A hauteur du milieu de la couchette, se trouve le feu, car l'indigène ne dort jamais sans feu. Au fond de la case, les pots à eau et les marmites usagées.

Quelquefois, le lit se trouve reculé vers le milieu de la paroi et masqué

TATOUAGES ET TYPES DE FEMMES MAYOMBE DEVANT LEUR CASE.

par un paravent haut de 1 mètre et large de 1ᵐ20 à 1ᵐ50, construit de la même manière que les parois des huttes. Ce paravent est percé d'un trou rectangulaire de petite dimension permettant de voir ce qui se passe à l'entrée.

A la toiture et aux parois, sont accrochés des paniers de toutes dimensions et des objets de poteries. Les vêtements de la femme sont placés dans un panier.

La hutte du chef, dite *bongi*, est plus large et quelquefois très longue et très haute; elle occupe le centre du village ou le point dominant et est entourée, de trois côtés, par les cases des femmes. C'est là que le chef reçoit ses hôtes de marque et c'est là qu'il se repose. Elle contient un certain nombre de couchettes en bambou, un grand coffre orné de dessins blancs et noirs et placé en travers aux deux tiers de la longueur. Ce coffre sert à enfermer les étoffes et objets de valeur; à la mort du chef, il lui sert de cercueil. Derrière ce coffre, se trouvent les boîtes et tonnelets de poudre, les ballots d'étoffe et autres produits de valeur; quelquefois on y trouve aussi un lit. Devant le coffre et au fond de la hutte, s'étalent, par terre, les objets de faïence, de grès et de terre cuite qui serviront à orner la tombe de leur possesseur. (Voir pl. VI, nᵒ 4.)

A l'entrée de la case, sous la véranda se trouvent certains fétiches particuliers au chef et à sa famille et le tambour, à moins qu'un hangar ne lui soit affecté. La porte est assez grande, généralement en bois, travaillée ou peinte de couleurs noire, blanche et rouge. Le devant de la hutte est parfois en planches ornées de peintures ou en bambous reliés par des lianes coloriées formant des dessins rectilignes (genre grecque).

La hutte est formée de quatre parois assemblées dont deux forment les pignons d'avant et d'arrière. Celle de devant est percée, à droite, d'un trou servant d'entrée dont les dimensions sont de 40 cm. de large sur 80 cm. de hauteur. Les parois de côté sont longues d'environ 3ᵐ50 sur 1ᵐ50 de hauteur.

Au fur et à mesure que la case doit s'agrandir, on recule le pignon d'arrière et on intercale des parois rectangulaires. Les cloisons des huttes sont construites en un endroit quelconque et ensuite transportées sur place; elles sont entièrement faites de feuilles de palmier.

Après avoir enlevé le dos du pétiole de la feuille du palmier, celui-ci est fendu dans le sens de la longueur, puis sectionné en morceaux correspondant à la hauteur de la paroi à construire. (Voir pl. IV.)

Ces morceaux sont juxtaposés les uns contre les autres, sur une surface égale à la longueur du pan à construire.

Le tout est réuni par deux bois provisoires et redressé contre des perches placées en terre. Toutes ces demi-branches de palmier sont réunies pour former une surface plane solide, au moyen de roseaux, appelés *zombé*, placés dans le sens horizontal et serrés les uns contre les autres. Au côté

opposé aux *zombé*, et également dans le sens horizontal, on attache, très serrés les uns contre les autres, les dos des pétioles de palmier. Ils forment le beau côté de la paroi et sont reliés au tout par les écorces de *zombé* coloriées et couleur naturelle jaune. Les dessins ne se font que sur la face extérieure du pignon contenant la porte. Pour les autres cloisons, le beau côté est tourné vers l'intérieur de la hutte.

Le toit, composé de deux pans, est fait au moyen de perches minces formant chevrons, placées de 10 en 10 centimètres et reliées entre elles par les parties d'écorce enlevées au pétiole du palmier (le nom indigène de ces matériaux est *banza*) et placées très près les unes des autres (1 cm.). Sur ces banza, s'accrochent les feuilles de *zombé*. On emploie aussi des espèces de tuiles faites au moyen des feuilles entre-croisées de certains palmiers.

Le toit se construit, un pan à la fois, et s'ajuste sur le faîtage et les cloisons, au moyen de lianes.

Les pans de toiture sont longs de 4 à 6 mètres et dépassent les cloisons de 40 à 60 cm. pour les préserver contre les intempéries.

Au fur et à mesure que la case est agrandie, on ajoute des pans de toiture. Sur le devant, le toit dépasse de 3 mètres pour former la véranda; il est posé sur le faîtage qui s'appuie sur les pignons et sur un gros montant appelé *kunzi*. Ce kunzi est quelquefois sculpté sur toute sa hauteur. C'est à ce kunzi que s'attachait, autrefois, le morceau de tissu indigène, signal désignant l'habitant pour subir l'épreuve du poison *kasa*.

La porte est faite en bois, en écorce de bambou ou en feuilles de palmier. Les belles portes en bois se placent avec leur encadrement. Il n'existe pas de fenêtres, mais on trouve parfois, dans les cloisons latérales et dans celle de derrière, de petites portes cachées. Le toit est, quelquefois, percé d'une ouverture en tabatière dont le but est de laisser échapper la fumée.

Outre les maisons d'habitation, il existe encore des huttes destinées aux femmes pour leur isolement mensuel (le nombre dépend de l'importance du village); des hangars pour les réunions et pour les discussions des palabres. C'est sous ces hangars que les gens du village se réunissent pour leurs causeries du soir. Ils y content des prouesses de chasse accomplies par eux et leurs ancêtres et des histoires de revenants. Il existe aussi de petites huttes pour les fétiches et parfois un hangar pour le tambour.

La garde des fétiches est confiée par le chef à un homme du village; celui-ci en est responsable, il entretient la hutte et, en échange, il reçoit les cadeaux des personnes qui ont recours au fétiche. (Voir plus loin.)

Il existe aussi une hutte destinée aux jeunes filles devenues femmes et sur le point de rejoindre leur mari. Cette hutte porte le nom de *kikumbi;*

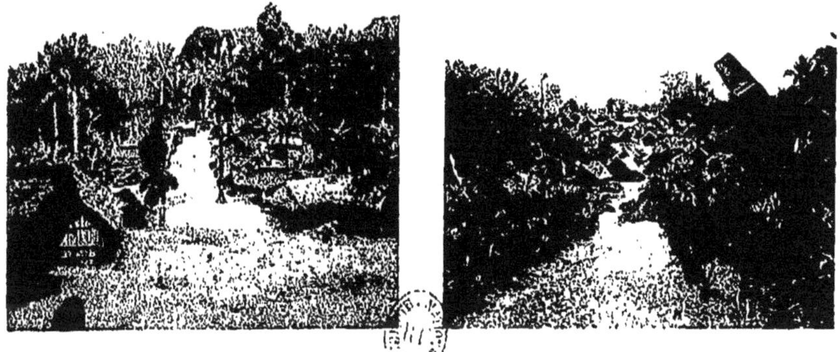

1. 4. 5. TYPES ET VILLAGES INDIGÈNES DU MAYOMBE.

2. FEMME EN VOYAGE.   3. CUISINE EN PLEIN AIR.

elle est tapissée de nattes coloriées au kula et contient autant de couchettes qu'il y a de jeunes filles. Ces lits en bois sculpté ou colorié sont couverts de nattes ou d'étoffes et le tout est enduit de teinture de kula.

C'est dans le kikumbi que se réunissent les jeunes gens; ils y jouent et rient avec les jeunes filles, leur portent du vin de palme et des cadeaux. Ils sortent de là complètement couverts de poudre rouge. Cependant, le fiancé n'y est pas reçu; il donne ses cadeaux à l'entrée de la hutte et disparaît poursuivi par les rires moqueurs des fillettes.

L'indigène entretient toujours du feu dans sa hutte; il s'éclaire au moyen de brindilles de bois sec et de fibres de noix de palme, résidus de la fabrication de l'huile et de la moamba. Il se procure du feu par percussion en battant un silex au moyen d'un ressort de fusil [1], cependant tous les indigènes sont munis d'allumettes. Pour les voyages, la nuit, ils fabriquent des torches au moyen de résine et de fibres de bambou. Actuellement, les lanternes brûlant le pétrole sont très répandues.

L'indigène emploie le feu pour la préparation des aliments, pour s'éclairer et se chauffer. C'est sa première préoccupation lorsqu'il prend du repos en quelque endroit qu'il soit. Je ne lui connais aucun rôle au point de vue religieux et je n'ai jamais entendu de légendes concernant cet élément.

Les villages sont construits en forme de rue assez large; les huttes sont très proches les unes des autres et sont parfois reliées entre elles par une palissade ou clôture pour empêcher les animaux domestiques de circuler entre les cases. Le milieu est occupé par un ou plusieurs hangars et par les cases des fétiches.

A l'entrée du village, les chemins ne sont généralement pas entretenus; le nettoyage ne commence qu'à quelques mètres, probablement pour faciliter la défense en cas d'attaque.

Anciennement, les villages étaient entourés d'une palissade et l'entrée, en zig-zag, ne livrait passage qu'à une seule personne à la fois.

Le déplacement du village est décidé par le chef ou par la majorité des hommes libres. L'emplacement choisi est nettoyé par tous et le transport des cases se fait, sans cérémonial particulier, par tous les habitants du village. Celles du chef sont transportées en premier lieu, puis viennent celles des indigènes d'après leur importance.

---

1. Il se procure une espèce d'amadou en grattant la matière veloutée qui se trouve au bas des branches de palmier.

OCCUPATIONS ET INDUSTRIES
DIVERSES

La chasse est la principale préoccupation des hommes, non seulement c'est une distraction, mais aussi une nécessité.

Lorsque des traces de gibier ont été relevées aux environs du village, tous les hommes valides en possession d'un fusil vont se poster, au loin, sur le passage probable de la bête, de manière à cerner la partie de forêt où elle doit être réfugiée.

Le notable à qui appartiennent les chiens va prendre la trace et suit la piste en criant à tout instant la direction suivie par l'animal traqué, de façon à attirer l'attention des chasseurs. Ceux-ci tirent sur tout ce qui bouge dans le fourré; afin d'éviter que les chiens ne soient pris pour le gibier, on leur pend, sous le ventre, une grosse cloche qui a en même temps pour résultat de signaler leur présence au traqueur qui les conduit et les excite de la voix. C'est aussi un frein à leur course trop rapide.

En bonne saison, les indigènes chassent en moyenne 3 à 4 jours par semaine.

Ils préparent des pièges qui consistent en de grands trous dissimulés par des branches, de la terre et des feuilles mortes. Ils clôturent également de grandes parties de forêts au moyen de matériaux légers; ils y ménagent des ouvertures dans lesquelles se trouvent des lacs; un baliveau tendu en arc serre brusquement le nœud coulant au passage d'un animal quelconque dans l'ouverture. Ils font encore des pièges à singe et à écureuil en reliant entre eux des arbres au moyen d'une perche; une petite cloison de branches oblige l'animal qui s'est engagé sur le pont à passer par le nœud coulant.

Chaque fois que l'indigène se rend dans la forêt, il est porteur de son fusil et tire sur tous les animaux sauvages qu'il rencontre.

Le partage du produit de la chasse se fait comme suit : le notable à qui appartiennent les chiens reçoit une cuisse et la selle; celui qui a tué la bête reçoit une partie de la poitrine; le reste est partagé entre toutes les femmes du village, sauf lorsqu'il s'agit d'animaux qu'elles ne peuvent manger. Le léopard ne peut être dépouillé qu'en présence du chef de la tribu, auquel reviennent la peau et les griffes.

La pêche se pratique par des barrages établis en travers des rivières, au moyen de troncs d'arbre, de pierres, de lianes et de branches; une ou deux ouvertures livrent passage à la masse des eaux, qui s'y précipitent à travers de longues nasses.

Le poisson appartient à celui qui a construit le barrage.

1. ZAMBIS.

2. PLANTATION DE MAIS.

3. FEMMES FABRICANT DES POTERIES.

4. COFFRE SERVANT DE CERCUEIL.

Aux endroits plus profonds et où le courant est faible, ils réunissent entre elles quatre cloisons de roseaux, clôturant ainsi une surface carrée; des trous pratiqués sous la surface de l'eau permettent au poisson d'entrer, mais sa présence dans l'intérieur de l'espace clôturé provoque un déclanchement et toutes les ouvertures se ferment.

Les femmes pêchent les petits poissons, les crevettes et les crabes au moyen de grands paniers allongés et percés de nombreux petits trous; elles traînent ses paniers nommés *madizi* au fond de l'eau troublée. Elles profitent également de la baisse des eaux pour barrer les bords peu profonds; elles vont ensuite recueillir le poisson dans la vase.

Les hommes pêchent à la ligne et parfois prennent le poisson avec des flèches à plusieurs pointes barbelées, lancées au moyen d'un arc, sur le poisson endormi à la surface de l'eau.

Certains fruits de la forêt ont la propriété d'empoisonner le poisson qui, dans cet état, se laisse facilement prendre; cependant ce procédé est peu usité.

Tous les indigènes, hommes et femmes, s'occupent de l'installation de cultures. Les hommes abattent la forêt, font les défrichements et plantent les bananiers; le soin de travailler la terre appartient aux femmes. Celles-ci font et entretiennent toutes les cultures et l'ensemencement des champs de haricots, arachides, maïs, salades, choux, aubergines, courges, pistaches, et les plantations de manioc, de patates douces et d'ignames. (Voir pl. VI, n°s 1 et 2). Les hommes cultivent seulement le tabac.

Toutes les récoltes, sauf celle du tabac, se font par les femmes et leur appartiennent; elles les emploient pour la préparation des aliments destinés à leur mari et à leur famille. Une certaine quantité peut être vendue, mais le produit de la vente revient à la femme. Les bananes récoltées autour des huttes appartiennent aux hommes.

L'indigène cultive également un peu de coton, dont il se sert pour la fabrication des bérets et des sacs dont tous sont munis dans leurs moindres déplacements.

Les instruments de culture sont la hache, la houe et la machette.

L'agriculture est considérée comme une nécessité et occupe toute la population pendant plusieurs mois. Annuellement, les champs sont renouvelés. Pour éviter les dégâts que commettraient les animaux domestiques, les cultures sont établies sur des versants et au fond des vallées à une certaine distance du village.

L'indigène fait beaucoup d'élevage; on rencontre dans les villages des porcs, des chèvres, des moutons, des poules et des canards. Les poules appartiennent généralement aux femmes; les autres animaux sont élevés par les hommes.

Les poules et les canards sont rentrés le soir dans les huttes ou dans de petits poulaillers; les autres animaux logent dans le village, dans les huttes abandonnées et sous les hangars, on ne leur construit des abris que dans les régions où les léopards sont nombreux.

L'élevage est un revenu sérieux pour l'indigène; aussi tient-il beaucoup à son petit bétail. Il ne s'occupe pas cependant de sa nourriture.

Les moutons appartiennent généralement au chef; les autres animaux appartiennent à l'individu qui a pu se les procurer.

Outre l'élevage, les indigènes mayombe trouvent de grandes richesses dans l'exploitation des produits du palmier. Annuellement, il est exporté une grande quantité d'huile et de noix.

Le procédé de fabrication de l'huile est le suivant : A quelque distance du village, l'indigène creuse, dans la terre, des puits circulaires de 1 m. de diamètre et profonds de 2 m. et plus. Les noix de palme sont placées au fond du trou; lorsque celui-ci est presque plein, il est recouvert de feuilles, de troncs de bananier et de branches. Après un ou deux mois, le tout est en décomposition; les produits sont retirés des puits et portés à l'endroit où se fabrique l'huile. Les noix sont séparées des matières molles et exposées pour sécher; le reste est placé en tas. Pour retirer l'huile des matières, celles-ci sont chauffées dans une marmite en fer, puis passées dans une presse.

La fabrique d'huile consiste en un terrain clôturé comprenant un hangar ou des arbres donnant de l'ombre; des trous en terre en forme de croix, dans lesquels on fait le feu pour chauffer les matières oléagineuses; des trous rectangulaires pour recevoir l'huile et une presse.

La presse est faite au moyen de deux troncs d'arbre, hauts d'un mètre et espacés l'un de l'autre de 80 cm.; ils sont reliés par un bois solide passant dans des mortaises pratiquées à 70 cm. de hauteur du sol. Ce bois maintient, par un côté, un filet à grosses mailles très solides, l'autre côté est relié à un bois mobile. Les matières oléagineuses chauffées sont placées dans le filet; deux hommes tenant en main le bois mobile font subir au filet une torsion très grande; grâce à cette pression l'huile tombe sur un plan incliné qui conduit à un trou rectangulaire dans lequel elle se fige.

Presse à huile.

Les noix sont cassées et les noyaux sont offerts en vente dans les factoreries; l'huile y est transportée sous forme de petits paquets faits au moyen de feuilles de palmier ou en pains cylindriques.

En dehors de l'industrie de l'huile et des noix de palme, à laquelle toute la population se livre et dont le produit forme la principale richesse du pays, on rencontre dans les villages des forgerons, quelques tisserands et des hommes travaillant le bois.

La richesse étant la principale force devant laquelle s'incline tout Mayombe, les artisans ont pu, par leur travail, se constituer des ressources importantes, grâce auxquelles ils ont acquis dans les villages des situations dominantes. Aussi, les artisans sont-ils généralement des chefs ou les principaux notables des villages; ils font payer très cher le produit de leur travail.

Les forgerons disparaissent de plus en plus, les articles de provenance européennes étant préférés pour la légèreté et le prix minime de revient; il ne reste donc que peu d'hommes travaillant les métaux et leur principale occupation consiste à réparer les outils et à fabriquer des haches, herminettes, anneaux de cuivre, d'étain et de fer pour orner les bras et les jambes et enfin les bracelets de cuivre ornés de dessins en relief pour les mariages devant le fétiche Lemba.

Leur matériel consiste en un soufflet, deux masses de fer, dont l'une sert de marteau, l'autre d'enclume; une bande de fer pliée forme les pinces et, pour fondre le métal (cuivre ou étain), le forgeron se sert d'un petit creuset taillé dans une pierre tendre ou en argile.

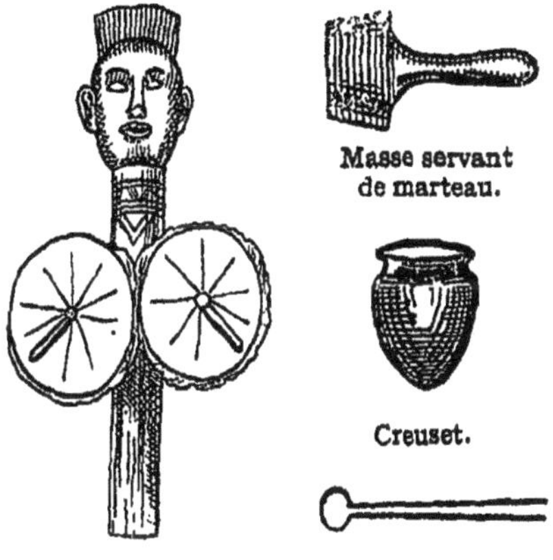

Masse servant de marteau.

Creuset.

Soufflet de forge.   Pince.

Le feu est entretenu au moyen de charbon de bois, le soufflet s'embouche dans un entonnoir en pierre dont l'extrémité amincie arrive au centre du foyer.

Le charbon de bois est obtenu par la carbonisation de petits arbres très durs appelés *palabanda* qui croissent dans la savane.

Les forgerons ne fondent plus le fer; leurs objets sont faits au moyen de vieux fers de ballots et autres morceaux de fer doux qu'ils peuvent se procurer. Ils reçoivent le cuivre rouge des mines du Chiloango et ils se procurent le laiton et l'étain dans les factoreries. Certaines pipes taillées dans la pierre sont bien incrustées d'étain.

Les poteries sont faites par les femmes, qui n'ont comme ustensiles de travail que quelques couteaux de bois et des fonds de calebasse.

Les femmes faisant des poteries sont dans les mêmes conditions que les autres; souvent elles échangent les produits de leur fabrication contre des produits des cultures ou des noix de palme.

Les diverses poteries sont : les marmites de toutes dimensions, les pots à eau et les gargoulettes de grande et de petite contenance. Toutes es poteries sont ornées de dessins formés par des incisions entre-croisées.

Certains chefs ou hommes libres travaillent le bois; ils font des planches au moyen de la hache d'une petite herminette; ils fabriquent des

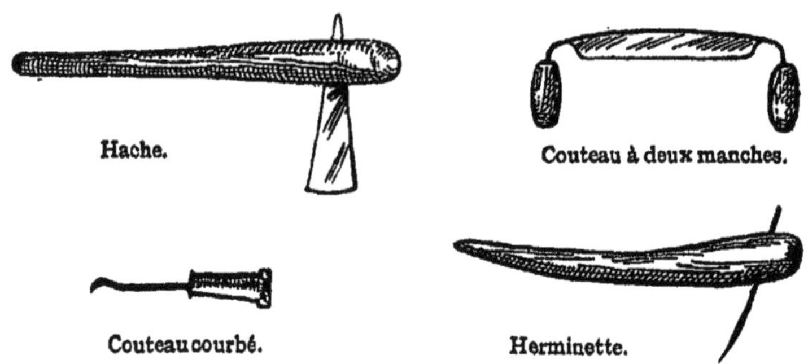

Hache.

Couteau à deux manches.

Couteau courbé.

Herminette.

coffres, des cercueils, des portes, des façades de huttes, des tambours, des gongs, des postures de tombe et même des fétiches. Ils se font largement payer pour tout leur travail, et, pas plus que les forgerons, ils ne se fatiguent guère.

Leurs instruments sont : la petite hache, l'herminette, le couteau, une espèce de rabot à deux manches et un petit couteau à lame courbe. Actuellement, ils se servent de la scie et du marteau. Le polissage du bois se fait au moyen de feuilles très rugueuses. Les peintures se font en rouge, au moyen du *kula ;* en noir, au moyen de charbon de bois pilé et mélangé à de la poudre à fusil; en blanc, au moyen de terre blanche prise dans le lit de certaines rivières (kaolin).

Les tisserands ont presque disparu, par suite de l'arrivée des étoffes d'Europe. Les métiers sont très petits; les chaînes occupent une position verticale et la navette est remplacée par un long crochet de bois qui prend le fil et le passe entre les deux plans de fils verticaux, puis les plans sont changés de place, celui d'arrière se trouve tiré en avant et le crochet passe un nouveau fil.

Les matériaux employés sont le *wussu,* fibre de raphia, et les fibres de pandanus et d'ananas *(mafubu).*

Les nattes et objets de vannerie sont fabriqués par les femmes; toutes doivent faire les objets de vannerie dont elles se servent pour leur ménage, leurs cultures et les besoins de leur famille. Elles teignent les fibres d'ananas, de raphia et les *pungu* en noir et en rouge pour la fabrication des nattes à dessins. Les dessins représentent quelquefois des animaux, mais le plus souvent ils forment un ensemble de lo-sanges.

On rencontre des tailleurs dans presque tous les villages; ce sont surtout les enfants éduqués dans les missions qui s'occupent de couture.

Ce sont également les hommes qui fabriquent les sacs et les bérets en fibres de coton, de raphia et de pandanus. Ces travaux se font au moyen d'une grosse aiguille. Ils fabriquent cette aiguille à l'aide de baleines métalliques de parapluié.

Les hommes fabriquent également des petits paniers très solides en zombé pour mettre leurs objets lorsqu'ils vont en voyage. Ces paniers tiennent quelquefois lieu de siège. Les seuls instruments dont ils se servent pour cette fabrication sont le couteau et le poinçon.

Les anciennes monnaies consistaient en tissus indigènes grossiers, nommés *bongo;* ils ne sont plus employés que dans le nord-est et pour le paiement de certains féticheurs.

Le *bongo* a été remplacé par des pièces de tissus légers d'importation européenne, l'unité était la cortade (mesure portugaise). Il existe encore des pièces de 5, 10, 20, 40, 50 et 100 cortades. Ces monnaies ont cours dans toute la région comprise au nord du fleuve jusqu'à la limite de l'ancien district des cataractes. Elles tendent à disparaître et sont remplacées par les monnaies d'argent.

Il existe des routes reliant les villages aux postes de la colonie, aux factoreries et tous les villages sont reliés entre eux. Ces routes sont entretenues par les indigènes sur les territoires desquels elles passent.

ORGANISATION FAMILIALE

La femme sur le point d'être mère cesse ses travaux quand elle ne se sent plus en état de continuer; sa mère ou une parente l'aide dans ce cas. En général, les femmes ne sont forcées au travail que par la nécessité d'entretenir leurs cultures; ni le mari ni le chef ne s'occupent d'elles. Les femmes paresseuses sont délaissées par leurs compagnes et deviennent la risée des habitants du village.

Les rapports avec le mari ne cessent qu'au moment de l'accouchement.

L'indigène ne m'a jamais paru avoir des croyances au sujet de l'incarnation.

L'accouchement se fait dans la case ou derrière celle-ci; l'intéressée seule prépare l'endroit où elle veut que sa délivrance se fasse.

La femme forte s'accouche seule, sa mère ou une parente coupe le cordon ombilical à la longueur d'une main du ventre de l'enfant. Lorsque la femme est craintive ou que les douleurs sont trop fortes, les parentes et les voisines l'assistent.

C'est généralement dans la position à genoux que se fait l'accouchement et la patiente prend la position assise dès qu'elle est délivrée.

En cas d'avortement, la femme est soignée comme malade, mais, après guérison, le mari attribue généralement la perte de l'enfant à un cas d'adultère et il recherche l'homme coupable.

Après la délivrance, la mère ou une parente prépare de l'eau chaude pour les lavages de la jeune mère et de l'enfant; l'eau destinée à la jeune mère doit être aussi chaude que possible. Des lavages souvent répétés se continuent pendant une période de huit jours à un mois, temps pendant lequel l'accouchée porte une ceinture ventrière en corde, très serrée sur le ventre, pour ramener les organes dans leur position normale.

Pendant les huit premiers jours qui suivent la délivrance, la mère ne s'occupe que de son enfant; elle reste dans sa hutte et se couvre de poudre de kula.

Le mari orne la hutte en tendant devant la porte, entre les deux pans de toit, une demi-branche de palmier en signe de réjouissance.

Le père ne peut pénétrer dans la hutte que lorsque le cordon ombilical est tombé; il prend alors l'enfant, mais ne s'occupe pas de la mère.

Pour bien cicatriser le cordon ombilical et empêcher le nombril de se former en saillie, la mère chauffe sa main au feu puis l'appuie sur le ventre de l'enfant; ce mouvement est continuellement répété.

L'enfant est le bien venu, qu'il soit garçon ou fille. Cette dernière, cependant, représente une valeur qui est la dot de mariage; mais comme c'est l'oncle maternel qui la touche, les parents sont peu intéressés. Cependant, le père se réjouit de trouver plus tard un compagnon lorsque c'est un garçon.

Je n'ai jamais vu le cas d'un être difforme. Cependant, les indigènes m'ont certifié qu'il n'y a aucune différence dans la manière de les traiter. Les idiots et les fous sont bien traités.

L'enfant appartient à la mère et, par suite, à l'oncle maternel; cependant, le père doit toujours être consulté.

Deux jumeaux sont bien venus, on les nomme *bisimba*; la mère seule les allaite.

L'allaitement dure très longtemps, quelquefois jusqu'à une nouvelle grossesse. Dès la naissance, lorsque le lait de la mère se fait attendre, les indigènes donnent aux nouveau-nés du vin de palme très doux, du jus de canne à sucre, mais ils recherchent surtout du sucre d'Europe qu'ils font fondre dans de l'eau et ils administrent à l'enfant quelques gouttes de cette solution.

Le nom est donné de préférence par le père, qui s'entend à ce sujet avec sa femme, de sorte que généralement, le père choisit le nom du garçon et la mère celui de la fillette. Les noms sont pris parmi ceux des amis et connaissances à moins qu'un fait saillant ne survienne au moment de l'accouchement : les parents donnent alors à l'enfant un nom rappelant cet événement.

Deux jumeaux portent les noms : le premier de *simba*, le second de *zuzi ;* l'enfant qui naît après deux jumeaux prend le nom de *landu.*

La femme qui a mis au monde deux jumeaux est très estimée de tous les habitants du village et son mari en est très fier. La hutte qu'elle habite est garnie de feuilles de palmier et, pendant plusieurs années, en revenant de son travail, elle apporte une herbe quelconque, qu'elle place sur une corde tendue devant l'entrée de la hutte. Le motif de cette coutume est de prouver qu'en tout temps elle pense à ses enfants. En rentrant dans la case, elle dit à haute voix ce qu'elle a fait pendant son absence.

Les jumeaux sont l'objet des soins les plus dévoués et d'une constante surveillance.

Lorsque plusieurs enfants d'un village portent le même nom, on les désigne en faisant suivre leur nom de celui du père ou de la mère. Par exemple : *Wumba di Sakala ;* traduction : Wumba fille de Sakala.

Beaucoup d'enfants sont atteints d'hernies ombilicales.

Les rapports sexuels avec la mère ne sont repris que lorsque l'enfant peut marcher seul. Pour prévenir le mari qu'il est invité à remplir ses devoirs, la mère fait couper, pour la première fois, les cheveux de l'enfant.

L'éducation physique et morale est donnée au garçon par le père, à la fille par la mère. Au point de vue physique, elle consiste à les initier aux divers travaux dont s'occupent les parents ; pour les garçons, la cueillette de noix de palme, la fabrication du vin de palme et des pièges, les ruses de chasse et de pêche et, enfin, la danse ; pour les fillettes, les travaux de culture, la fabrication d'objets de vannerie et la danse.

Au point de vue moral, on leur enseigne des chants et on leur conte des histoires et des légendes ; on leur apprend leurs devoirs d'époux et d'épouse. Cette éducation se fait lentement et dure tant que l'enfant reste parmi les siens ; cela se passe surtout pendant les causeries du soir.

Généralement, les jeunes filles ont leur petit ami, mais il est rarement appelé à devenir leur mari ; les jeunes gens jouent avec les jeunes filles et le lieu de réunion est la hutte du *kikumbi.*

Les causeries sont permises, les petits cadeaux aussi, mais les rapports sexuels sont défendus quoiqu'ils se pratiquent d'une façon courante. Cependant, les conséquences sont souvent fâcheuses pour le jeune homme : 1º lorsque la femme est mise en état de grossesse ; 2º lorsqu'après son mariage, l'accouchement est difficile, que l'enfant est mort-né ou qu'il y a avortement. Le mari attribue ces accidents à l'inconduite de la femme ; il exige alors le nom des hommes avec lesquels elle a eu des rapports pendant la période qui a suivi ses fiançailles jusqu'au mariage.

La prostitution existe dans la plupart des villages ; les femmes qui s'y livrent occupent une ou plusieurs huttes à l'extrémité. La prostitution n'entraîne pas de déshonneur, mais les prostituées ne peuvent se mêler aux autres femmes que pendant les danses. Les femmes du chef ne peuvent pas avoir des rapports avec elles; lorsqu'elles dansent, les prostituées doivent se retirer.

Il m'a été certifié que la masturbation n'existait pas; cependant, les garçons s'isolent parfois derrière les cases et, lorsqu'ils sont surpris par les parents, ils reçoivent une correction. La sodomie n'existe pas.

Le sentiment d'amour existe, mais je ne l'ai jamais vu se manifester que par un éclair dans le regard. La femme exprime rarement ses sentiments envers l'homme; elle se fait désirer.

Les fiançailles consistent d'abord dans le paiement de la dot exigée; on tient compte des sentiments éprouvés par les intéressés pour augmenter la dot proportionnellement à l'intensité de ces sentiments; c'est pourquoi le futur mari ne montre jamais l'amour qu'il a pour la femme qu'il a choisie. Cependant, l'amour existe rarement au moment des fiançailles, car souvent la fillette n'a que quelques années et même quelques mois. Elle n'apprend à connaître son futur mari que vers l'âge de 10 à 11 ans; c'est à lui qu'incombe tous les soins d'entretien de sa fiancée; il cherche à se faire aimer en lui apportant du vin de palme et des objets de toilette.

Après les deux ou trois premières menstrues, la jeune fille est introduite dans la hutte du *kikumbi*. C'est une case ordinaire, tapissée de nattes, contenant un certain nombre de couchettes où dorment les fillettes du village; elles y broient du bois de kula, se teignent le corps en rouge et aspergent de poudre tous ceux qui entrent.

Entre temps, elles dansent et boivent le vin de palme que les jeunes gens du village leur apportent et celui envoyé par le futur mari. Ce dernier, sous peine de ridicule, ne peut entrer dans le *kikumbi*, mais il doit, pour mériter l'amour de sa future femme, lui envoyer du vin de palme et de la viande.

Pour éviter de se salir, les femmes du *kikumbi* s'enveloppent les pieds de feuilles lorsqu'elles sortent de la hutte. Pendant son séjour, la fiancée est servie par toutes les jeunes filles du village.

Il paraît qu'au point de vue moral il se passe, dans ces huttes, des actes peu recommandables.

La jeune femme reste dans cette situation pendant un mois et plus, jusqu'à ce que la dot soit complètement payée et que tous les proches aient reçu de nombreux petits cadeaux. Dès lors la femme rentre dans la hutte maternelle et y reste jusqu'à ce que le fiancé la fasse demander; elle est à nouveau introduite dans le *kikumbi* d'où elle sort généralement enlevée pendant la soirée. Le rapt est simulé; cependant, seuls les parents sont prévenus, car il pourrait arriver que les jeunes gens du village cherchent à empêcher le départ de leur amie.

Le mariage est donc un achat dans lequel le fiancé est exploité le plus possible; en cas de décès de la femme, la dot doit être restituée à moins

1. HUTTE DE FÉTICHE. — 2. BATTEURS DE GONG.

que la famille ne fournisse une nouvelle femme. En cas de décès du mari, les femmes reviennent à l'héritier à condition que celui-ci fournisse une nouvelle dot.

Lorsque l'épouse confie à son mari qu'elle a eu des rapports avec des hommes avant ou après son mariage, celui-ci exige de fortes sommes des différents hommes accusés, mais la femme n'est pas inquiétée.

Coquillage.

La mère, ou à défaut les proches parentes, font disparaître la virginité de la fillette vers l'âge de 7 à 8 ans au moyen d'un petit coquillage, très allongé. La fillette, plus tard la femme, portera ce coquillage suspendu à la ceinture. Nom indigène du coquillage : *kodia*.

Cette opération se fait parce qu'il pourrait arriver que l'homme ne parvienne pas à déchirer l'hymen et, de ce fait, la femme resterait stérile.

La femme peut se marier après la première menstrue.

Tout homme qui en a les moyens pratique la polygamie ; la première femme est toujours respectée par les autres, mais elle ne peut rien leur commander.

Lorsqu'un notable aime réellement une de ses femmes et qu'il se sent aimé d'elle, ils font un second mariage devant le fétiche *lemba*. Ce mariage coûte très cher ; il lie étroitement les époux pour la vie. Le devant de la hutte est clôturé et orné de la plante *lemba*, végétal à tige grimpante et à larges feuilles comestibles. La femme, nommée *Kama Lemba*, garde jalousement, dans le fond de la case, le fétiche consacrant la cérémonie ; personne, sauf le mari, ne peut pénétrer dans la case du *lemba*. L'homme et la femme portent au bras un gros anneau en cuivre sculpté. La cérémonie donne lieu à des danses et à des repas de viande de porc.

La polygamie est considérée par les hommes comme une nécessité : 1º parce que la femme ne peut avoir de contact avec le mari pendant ses périodes d'indisposition mensuelles, ni pendant toute la période qui suit l'accouchement jusqu'à ce que l'enfant sache marcher ; 2º parce que l'homme riche est obligé de recevoir beaucoup d'amis et d'étrangers et qu'il lui faut des champs en conséquence ; une seule femme ne suffirait pas à fournir la nourriture à tous ces hôtes.

Il n'existe pas de cérémonie du mariage. La femme est amenée chez le mari qui, s'il est riche, organise une danse. La dot se paie en étoffe, en poudre ou en argent à l'oncle maternel et une partie au père ; elle est donnée par l'oncle maternel du mari, lorsque celui-ci est jeune et pour sa première femme ; l'homme paie lui-même la dot des autres femmes.

Les femmes libres, sœurs de chefs, sont données sans dot en mariage, à des chefs voisins en échange d'un autre mariage, pour réduire les difficultés et pour assurer des liens d'amitié. Souvent, elles ne se marient pas; elles deviennent des concubines et choisissent l'un ou l'autre individu avec lequel elles vont habiter jusqu'à ce qu'elles soient fatiguées. Elles sont aussi placées à la tête de petits villages avec titre de *Makondé*, *Mankâta*, *Masilisa* et *Mavemba;* anciennement elles percevaient l'impôt en visitant les villages voisins. Portées en hamac par tous les jeunes gens, elles n'en sortaient que pour mettre le pied sur un paquet d'étoffe qui devenait leur propriété; si rien ne leur était offert, il y avait bataille entre les gens de leur suite et les indigènes du village.

L'influence de ces reines diminuait avec l'âge.

Les mariages consanguins ne peuvent avoir lieu; les hommes ne choisissent même pas leur femme parmi les familles de leur clan; la moindre parenté est un empêchement à l'union.

Les mariages illégaux n'ont d'autre conséquence que le paiement de la dot pour les régulariser. La séparation des biens est toujours maintenue dans le mariage; en cas de séparation ou de dissolution, la dot est restituée. En cas de répudiation, les motifs et les causes sont discutés par les avocats des deux familles; outre la dissolution, la partie fautive indemnise l'autre.

Les motifs de dissolution sont : la stérilité, les mauvais traitements de la part du mari et l'inconduite ou la paresse de la femme.

Les enfants rentrent avec la mère au village de celle-ci; cependant, il arrive que le garçon reste avec le père, mais il appartient toujours à la tribu de la mère.

Les familles seules interviennent dans les différends du ménage; quelquefois le chef est pris comme arbitre. Les féticheurs interviennent également ment pour débrouiller la vérité. Anciennement, on avait recours aux épreuves du poison et du feu.

Les pouvoirs de l'homme sur sa femme sont presque nuls; cependant, lorsque le mari est puissant, il use de violence envers la jeune femme qui refuse ses caresses. Celle-ci est parfois attachée sur le lit pour permettre à la brute qui l'a achetée d'assouvir sa passion, ensuite elle est mise au *vangu* (grosse branche d'arbre se terminant en fourche) dans laquelle elle reste emprisonnée par le cou jusqu'à ce qu'elle accepte l'amour du vieillard qu'on lui a donné pour mari. La répulsion est quelquefois si grande qu'elle préfère endurer ce supplice plusieurs semaines plutôt que de se rendre. Ces coutumes ont cependant presque disparu et les cas semblables ne se présentent plus guère.

Vangu.

La femme connaît ses devoirs envers son mari; ceux-ci consistent à le nourrir et à lui donner des enfants. Elle doit entretenir la hutte et les environs, faire ses cultures et préparer la nourriture des étrangers qui sont les hôtes de son mari. Par contre, le mari doit fournir des vêtements, du tabac, de la viande et du vin de palme à sa femme. A la moindre difficulté, la femme se réfugie dans sa famille et le mari a beaucoup de difficultés à la ramener. Le fait de frapper la femme est très grave, et j'ai pu constater que celle-ci est quelquefois très exigeante.

Le mari entre dans la famille de la femme comme proche parent; c'est le *kwekesi* (beau-fils). Ce mot désigne aussi le beau-père et la belle-mère. Le beau-fils jouit d'une considération proportionnelle à sa richesse; il doit intervenir dans toutes les difficultés éprouvées par ses beaux-parents. Le beau-frère et la belle-sœur sont nommés *munzadi*.

La femme est reçue comme fille dans la famille du mari. Au point de vue de sa situation, tant comme épouse que comme concubine, elle est maîtresse dans sa hutte; elle n'accepte pas de la partager avec d'autres femmes, à moins que ce ne soit une parente.

Le père s'occupe beaucoup de ses enfants; il en est aimé et respecté; cependant, c'est souvent la mère qui les corrige. Le cas se présente rarement, mais la correction est parfois terrible. C'est ainsi qu'on leur met du pilipili moulu dans les yeux, dans l'anus et dans les parties sexuelles des fillettes.

Lorsque l'homme n'a qu'une femme, il habite avec elle la même hutte; s'il en a plusieurs, il passe un temps égal dans la case de chacune d'elles.

L'adultère du mari n'est pas puni; l'adultère de la femme est puni dans l'homme complice. La femme n'a aucune difficulté à craindre à moins que son inconduite ne provoque la dissolution du mariage.

Anciennement, les cas suivants étaient considérés comme adultères : 1º le fait de toucher, d'enjamber un tronc d'arbre ou un morceau de bois ayant contact direct avec une femme ou de s'y asseoir; 2º surprendre une femme nue se baignant à la rivière (c'est pourquoi les caravanes et les voyageurs ont conservé l'habitude de chanter à l'approche des gués); 3º dire au mari que sa femme est belle ou exprimer tout autre sentiment au sujet de sa femme. Adultère se traduit par *pinga*.

Les peines réservées aux hommes qui étaient considérés comme s'étant rendus coupables d'un des cas ci-dessus ou du contact charnel étaient : lorsque la femme appartenait à un chef, la mort ou la vente comme esclave; en d'autres cas, il se libérait en payant une forte amende. Actuellement, l'adultère se règle toujours par le paiement de sommes plus ou moins fortes.

Les enfants reconnaissent l'autorité paternelle et maternelle; ils aiment beaucoup leurs parents et leur restent soumis et attachés jusqu'à la mort. Ils les soutiennent dans leur vieillesse et assurent leur nourriture et l'entretien de leur hutte.

Les enfants appartiennent au clan de la mère et ils sont appelés, tôt ou tard, à rentrer dans la famille maternelle. Les garçons continuent quelquefois à habiter le village du père tout en se déclarant de la tribu de la mère. C'est de ce côté qu'ils sont appelés à hériter et à occuper leur véritable rang social : chef, homme libre ou esclave. Dans la tribu du père, sauf lorsque la mère a été achetée comme esclave, ils sont considérés comme étrangers et lorsqu'on fait le recensement des habitants du village, il est difficile de les faire citer ; on les désigne sous la formule *fumu angani* (de chef étranger, d'autre tribu).

Il arrive qu'un mourant n'ayant pas d'héritiers directs laisse ses biens à un de ses fils à charge de rester dans le village. Cet homme devient ainsi le notable le plus influent du village, mais les habitants prennent un chef titulaire dans une autre famille et, à moins que ce dernier ne soit appuyé par une famille riche et puissante, son autorité n'est que nominale. Ces cas se sont présentés à la mort des chefs *Makai Gombé* de la tribu *Kipudi* et *Kongo Defi* de la tribu *Manianga*.

Le matriarcat est expliqué par l'impossibilité de douter de la descendance du côté de la mère, tandis que le père considère comme sien tout enfant issu de sa femme fût-il né avant le mariage ou le résultat d'un adultère flagrant. Le chef de Kafuzi montre comme sien un enfant, produit adultérin d'une de ses femmes, alors qu'il n'a pas d'autre enfant et qu'il est reconnu comme impuissant.

Le mot mère se traduit par *gudi*, père par *disé*, grand'mère par *kaka* ou *kaï*, maman par *mama* qui signifie aussi tante ; il s'emploie aussi comme expression respectueuse envers les femmes de chefs et les personnes âgées. Papa se traduit par *tata*. Ce dernier mot s'emploie aussi lorsque l'indigène s'adresse au chef et à des notables âgés. L'oncle maternel se désigne sous le nom de *mama kasi* ou *gudi kazi*.

En cas de décès de la femme, le mari se lamente et pleure surtout son bien perdu ; il n'existe pour lui aucun signe extérieur de deuil. Après quelques jours, il est consolé et s'occupe de la restitution de la dot, sauf quand il y a des enfants et que ceux-ci restent avec lui ; dans ce cas, il ne s'occupera de la dot que le jour où les enfants lui seront réclamés.

En cas de décès du mari, la femme se noircit la figure au moyen de charbon de bois pilé et mélangé à de l'huile de palme ; ce signe de deuil durera tant qu'elle n'aura pas repris un nouveau mari. Si la femme est jeune, le deuil sera d'assez courte durée ; il peut même cesser quelques jours après l'enterrement si le frère reprend la femme du défunt. Celle-ci est toutefois libre de refuser, mais, dans ce cas, la dot doit être restituée. Le motif de cette coutume s'explique par le raisonnement suivant que fait l'héritier : « Cette femme est à moi par suite de la mort de mon frère ; elle me refuse comme mari ; sa famille la mariera à un autre homme dont elle recevra une dot. En conséquence, il est logique qu'on me restitue celle donnée par mon frère. »

Lorsque la veuve est âgée elle reste à charge de l'héritier, car personne

1. FEMME PORTANT UN PANIER ET SON ENFANT.
2. TOMBE DONT LE TOIT A ÉTÉ RENVERSÉ.
3. TOMBE DU CHEF MAKAÏ-GOMBÉ.
4. MÊME TOMBE, VUE COMPLÈTE.

ne restituerait la dot, sauf si elle a des garçons assez grands pour se charger d'elle.

Les biens du défunt passent au frère aîné ou à la sœur, puis aux neveux issus de la sœur aînée. Le plus âgé des enfants a toujours plus de droits que ses frères.

La famille se perpétue par les descendances collatérales féminines.

Les étrangers sont introduits dans la famille comme parents si c'est par le mariage, et comme esclaves si c'est par l'achat ou l'adoption.

L'enfant esclave est traité de la même façon que les autres enfants; on le nomme *muananzo*. Vers l'âge de 6 à 8 ans, les garçons quittent la case maternelle et vont habiter une hutte destinée aux garçons; les fillettes restent avec la mère jusqu'à ce que l'une d'elles entre dans le *kikumbi* où toutes vont l'y rejoindre. A son mariage, le garçon forme un nouveau foyer dans le village maternel. La fille rejoint son mari au village qu'il occupe; elle y forme une famille qui, plus tard, viendra augmenter sa tribu. Le mot famille se traduit par *kanda*, le mot tribu par *vila*.

Les maladies les plus fréquentes sont :

La *maladie du sommeil* qui existe au Mayombe à l'état endémique, sauf dans les régions situées au nord et à l'est de *Tohela* où l'on ne rencontre que très rarement un cas. Il est à remarquer que, dans les régions boisées, elle est moins fréquente que dans les savanes.

Pour combattre la maladie du sommeil, les indigènes font subir au

malade le traitement suivant : dans un petit trou en terre, on met des pierres rougies au feu; au-dessus, quatre cerceaux placés en croix et recouverts d'étoffe forment une petite tente haute de 80 cm.; le malade se place sous cette tente à côté des pierres chauffées dont la chaleur provoque une abondante transpiration. Cette opération est renouvelée plusieurs fois par semaine, tandis qu'on provoque une abondante sécrétion des muqueuses des yeux et du nez en y introduisant quelques gouttes d'un mélange composé de jus de tabac, d'alcool et d'autres plantes.

Les *plaies rongeuses* rendent beaucoup de personnes invalides et amènent la mort. L'*hydropisie*, l'*éléphantiasis des parties sexuelles* chez l'homme et la *dysenterie* sont des maladies que l'on rencontre fréquemment.

Il existe un assez grand nombre de féticheurs s'occupant de médecine, mais chacun a généralement sa spécialité. Lorsqu'une personne tombe malade, ses parents s'adressent au féticheur qui recherche le genre de maladie, *ganga kufiela ;* celui-ci désigne la personne qui connaît le remède au mal.

Ils connaissent un grand nombre d'herbes médicinales dont ils conservent jalousement le secret.

L'administration du remède est précédée et suivie de danses, de chants accompagnés du bruit de grosses cloches de bois.

Les malades sont soignés dans leur famille; dans les cas graves, le féticheur les soigne parfois chez lui et, lorsque la maladie est contagieuse, ils n'ont contact qu'avec leurs proches parents : mari ou femme, mère, frère ou sœur.

Les indigènes attribuent volontiers les maladies à la malveillance. Aussi considèrent-ils la plupart de celles-ci comme le résultat d'un maléfice qu'ils attribuent à un ennemi ou à un envieux. C'est pour diminuer les sorts que pourraient leur jeter des envieux que tous dissimulent leur situation de fortune et que la coutume veut que les valeurs soient enterrées avec le défunt.

A la mort de tout chef, le *ganga kufiela* recherche la personne qui a mangé l'âme du trépassé; il désigne cette personne comme sorcière qui, pour se laver de cette insulte, doit subir l'épreuve du poison.

Le décès est annoncé par des coups de canon et de fusil, d'autant plus nombreux que le défunt est plus riche. Le corps est entouré de quelques étoffes puis placé sur une claie au-dessus du feu. Les femmes et les pleureuses se tiennent dans la hutte et alimentent le feu pour faire sécher le cadavre. Lorsque celui-ci est complètement durci, c'est-à-dire après quelques semaines, il est roulé en forme de ballot dans les étoffes, couvertures et tapis réunis à cet effet pendant de nombreuses années, ou placé dans le cercueil que, de son vivant, il avait fait faire et qui lui servait de coffre.

L'enterrement ne peut avoir lieu que lorsque la succession est complètement liquidée et, si c'est un chef, après qu'il a été remplacé, car tant qu'il est dans la hutte mortuaire il est encore considéré comme étant le chef. Pendant ce temps, on construit un chariot sur lequel on monte une espèce de maisonnette en planches garnie d'étoffes dans laquelle sera placé le cercueil qui sera ainsi traîné par toute la peuplade jusqu'à l'endroit où aura lieu l'inhumation. Le trou y est préparé, grand et profond; la maisonnette tombale est amenée au-dessus et le chariot est retiré de même que les bois formant plancher, et le cercueil est descendu dans le fond. Le trou est recouvert de terre sur laquelle on dispose les poteries et objets de faïence laissés par le défunt. Les boîtes ayant contenu la poudre sont alignées devant le tombeau.

La veille de l'enterrement, le convoi mortuaire et toute la peuplade campent en plein air à peu de distance du lieu de l'inhumation. On tire presque tout ce qui reste de poudre et on y prépare le repas. Pendant tout le trajet, des hommes précèdent le convoi et tirent des coups de fusil.

Lorsque le défunt est un esclave riche, le cérémonial es à peut près le même, mais on ne peut pas camper en route et l'inhumation ne peut avoir lieu à l'endroit destiné aux chefs. S'il s'agit d'un pauvre, l'enterrement suit de près la mort.

Les chefs voisins et les amis sont invités à assister aux cérémonies des funérailles; ils apportent des cadeaux et, plusieurs jours avant l'enterrement, tous dansent au son des tambours funèbres (sorte de timbale) *goma sikulu*.

Tambour pour les danses mortuaires.

Le cimetière des chefs occupe généralement un sommet boisé, c'est un endroit sacré. Les autres sont enterrés à un endroit quelconque autour du village.

Il arrive que des chefs désignent l'emplacement où ils désirent reposer; ainsi, le chef *Congo Defi* a exigé d'être enterré sous sa maison de planches, de manière que celle-ci lui serve de monument funéraire.

Les tombes sont entretenues par les enfants qui, seuls, ont le droit de s'en occuper.

Les tombeaux sont toujours garnis de poteries, d'objets de verre et de faïence et quelquefois de postures mortuaires; ils sont entretenus pendant de nombreuses années.

PHÉNOMÈNES JURIDIQUES

Les ustensiles de ménage et les instruments agricoles appartiennent en particulier à la femme, tandis que les instruments dont se servent les hommes sont à eux.

Le produit des cultures appartient à la femme qui a travaillé ou ensemencé le champ; cependant, les bananes récoltées au village appartiennent aux hommes qui ont planté les bananiers.

Tout ce que la femme acquiert ou gagne lui appartient en propre; de même tous les bénéfices et économies appartiennent à l'homme libre.

En principe, l'esclave ne peut rien avoir; mais, en réalité, à part quelques services qu'il rend à son maître, il conserve la majeure partie de son gain et toutes ses économies. Le maître n'y a recours que dans les cas pénibles et les esclaves s'exécutent de très bonne grâce.

Il y a peu d'années le chef était encore maître de tout ce qui appatenait au village et il pouvait en disposer comme bon lui semblait, sauf à prendre conseil de ses héritiers. L'épargne en communauté se faisait en achetant des esclaves qui peuplaient le village et lui donnaient de la prospérité.

L'épargne en famille consiste dans l'achat de poules et de petit bétail, l'élevage, les mariages, l'achat d'étoffes, de poudre et de poteries pour l'enterrement du chef de famille. Individuellement, elle existe dans les mêmes conditions que l'épargne en famille.

Il arrive que deux individus réunissent leurs économies pour acheter un cochon ou une chèvre; l'un d'eux prend la garde de l'animal et il reçoit pour cela un jeune, les autres sont partagés; mais, en général, ce mode d'épargne se termine toujours par des palabres, l'un des associés ayant été volé.

Les terres appartiennent à la communauté et, pour chaque tribu, elles sont bien délimitées; le village peut occuper toutes les terres disponibles de la tribu.

Pour prendre possession d'un terrain, qui reste à la disposition de l'occupant jusqu'à la fin des récoltes, il suffit d'en défricher une toute petite partie. Un individu ne peut, sous peine d'amende, occuper un terrain qui n'appartient pas à la tribu.

Les terres sont en possession des tribus depuis de nombreuses années; elles ont été obtenues par l'achat, données en échange d'un service ou prises de force.

Les palmiers et les arbres à *safu* appartiennent à celui qui les a plantés ou hérités; ils passent avec les biens mobiliers aux héritiers; ils peuvent être cédés ou vendus. Il en est de même pour les cultures et les récoltes.

En ce qui concerne les palmiers, le propriétaire n'a que le droit d'y faire du vin de palme; le régime de noix de palmes appartient à celui qui le cueille.

Les limites des terres sont respectées; anciennement, les empiétements sur les terres voisines donnaient lieu à des guerres.

Lorsque les fruits du *safu* sont mûrs, le propriétaire attache un fétiche à l'arbre; la personne qui s'emparerait des fruits ainsi gardés courrait le risque d'être atteinte d'une mauvaise maladie. Les arbres non garnis de fétiches ou de branches de palmier sont censés être sans propriétaire.

Comme exemple de terres cédées à des tribus entières, lorsque la population était moins nombreuse, on peut citer : 1º l'acquisition par le chef de la famille *Lolo*, à la tribu de *Kipudi*, de toutes les terres situées au nord sur la rive gauche de la Lumema; 2º les villages *Dibindu* installés sur des terres achetées à la famille *Benza na Banga;* 3º la famille des *Kitchengo*, tribu *Nanga*, installée, avec simple permission, sur les terres de la tribu *Makaba* et sans payer aucune redevance.

Il arrive que, pour aider un ami ou parent, un chef lui prête un ou plusieurs esclaves. Celui-ci en dispose suivant les besoins et peut même les vendre, mais il doit restituer le même nombre dans le délai fixé; il en est de même pour le petit bétail.

Un objet trouvé devient la propriété de celui qui l'a ramassé jusqu'à ce que le propriétaire fasse valoir ses droits; la restitution se fait contre paiement. Il en est de même lorsqu'il s'agit d'animaux domestiques égarés.

Les villages dont les territoires ne touchent pas aux rivières achètent quelquefois un droit de pêche sur une certaine étendue de rive.

En général, tout se vend, il suffit qu'il y ait acheteur. Le chef agit seul ou après avoir pris conseil des principaux notables du village et quelquefois clandestinement.

Le gibier appartient à celui qui le chasse et, en particulier, à celui qui l'a blessé, sauf s'il a abandonné la poursuite; il peut même vendre ce droit.

Tout ce qui appartient au village peut être considéré comme domaine public; tous les indigènes peuvent en user avec ou sans le consentement du chef; celui-ci seul peut aliéner les droits du village.

En principe le père est maître dans son harem, *lumbu*, mais, en pratique, il doit compter avec toutes les influences du dehors, surtout celles des parents de ses femmes, sauf pour celles qui sont des esclaves lui appartenant.

Le mariage des enfants du sexe féminin est décidé par l'oncle maternel, à moins que la mère ne soit esclave : dans ce cas, c'est le maître qui décide. Les enfants d'esclaves sont parfois donnés en mariage aux esclaves mâles du même maître, à condition qu'ils soient de familles différentes et qu'ils n'aient entre eux aucun lien de parenté.

Le tuteur naturel est l'oncle maternel, à son défaut la tante ou le frère aîné. Lorsque ces proches font défaut, le père conserve la tutelle, à moins qu'elle ne soit revendiquée par le chef de la tribu à laquelle appartenait la mère.

La tutelle revient au maître lorsque la mère était esclave. L'émancipation ne peut être faite que par le maître.

Les affaires intérieures du village sont généralement jugées par le chef du village. Celles entre villages différents de la même tribu par le chef de la tribu et, lorsque le différend existe entre des personnes de tribus différentes, les avocats des deux parties cherchent à se mettre d'accord pour choisir un juge.

Les décisions sont ordinairement respectées. Cependant, lorsque le différend entre tribus ne s'arrange pas, la partie lésée cherche à s'emparer de personnes de la tribu ennemie qu'elle tient prisonnières jusqu'à ce que satisfaction lui soit donnée. Cette façon de faire amenait souvent des guerres entre tribus voisines. Actuellement les chefs de poste et les magistrats règlent les différends entre indigènes.

Les successions passent au frère et ensuite au fils aîné de la sœur du défunt; les autres enfants ne reçoivent qu'une petite part. Lorsque les héritiers précités n'existent pas, il arrive qu'avant sa fin le défunt a partagé ses biens entre ses enfants ou qu'il a désigné un héritier à son choix.

Les dernières volontés sont respectées dans la mesure du possible.

Les enfants héritent toujours les biens de leurs mère, oncles et tantes du côté maternel, mais c'est l'aîné qui a la grosse part; il devient chef de famille.

L'héritage ne comporte guère que les femmes, les esclaves, une partie du petit bétail, les cultures, les arbres à *safu* et les palmiers, ainsi que les droits aux titres de chef de village, de groupe ou de tribu. Les valeurs en étoffes, poudre et poteries sont mises dans la tombe, tirées avant et pendant la cérémonie ou servent à garnir le tombeau. Une partie du petit bétail est mangée pendant les funérailles.

Les contestations sont réglées par la famille et quelquefois soumises à l'arbitrage du chef de la tribu, mais ces cas sont rares et, anciennement, on écartait par l'épreuve du poison toute personne qui aurait pu soulever des difficultés.

Les contrats, ventes et aliénations sont faits par l'intermédiaire d'avocats, *zonzi*, et en présence de témoins; les paiements ou les échanges de cadeaux rappellent le fait. Il n'y a jamais de prescription ni pour les prêts ni pour les dommages causés.

L'indigène use largement de la pratique du prêt; celui-ci se fait sans intérêt, mais, lors du remboursement, le prêteur réclame le double et si beaucoup de temps s'est écoulé il réclame même le triple et le quadruple.

Les prêts consistent en hommes, petit bétail, étoffes, poudre. Quelquefois, le prêteur exige en garantie un esclave ou un membre de la famille du demandeur. Aucun délai n'est fixé, le prêteur ne réclame ce qui lui est dû que s'il en a besoin. Entre membres d'une même famille, les prêts sont très courants; ils prennent même la forme de dons à titre de réciprocité.

Les différends survenus à la suite de prêt se règlent par l'arbitrage. L'indigène aime beaucoup les plaidoiries; celles-ci durent parfois plusieurs semaines et si l'accord ne se fait pas on recommence ailleurs, à moins que l'un ou l'autre ne se livre à des hostilités.

Les deux parties opposées sont parfois amies, mais jamais elles ne causent entre elles de leurs différends, les *zonzi* seuls traitent cette question. Certains de ces avocats achètent des différends et ils traitent alors pour leur propre compte, l'ex-intéressé est tenu à intervenir comme témoin.

L'individu qui a commis un délit n'a de compte à rendre qu'à la famille lésée; celle-ci prend les mesures nécessaires pour se venger ou se faire indemniser. Dans ce but, la famille en cause envoie un délégué, *vuala*, au délinquant pour lui demander compte de son acte. S'il consent à payer la somme demandée, le différend en reste là; dans le cas contraire, les avocats sont mis en mouvement. Les chefs de village ou de tribu sont tenus à intervenir en faveur de leurs administrés.

Lorsqu'un différend grave existe entre deux familles, villages ou tribus, à la suite soit d'une guerre, soit d'un crime, les deux parties en cause se mettent d'accord, par l'intermédaire des avocats, sur le choix d'un juge; parfois le chef de la tribu s'institue d'office comme juge. Avant de commencer les débats, chacune des parties opposées doit mettre, entre les mains du juge un ou plusieurs otages, *telas*, suivant la gravité du cas. C'est grâce à ces *telas* que le chef pourra assurer l'exécution de son jugement. Ordinairement, le condamné perd ses otages dont une partie passe au gagnant et l'autre reste entre les mains du chef à titre d'indemnité, car les juges ou arbitres font largement payer leur intervention.

Les peines suivantes étaient infligées au coupable qui ne pouvait se soustraire au châtiment en payant : la mort, la vente ou la mise au *vangu*.

La mort ne pouvait être ordonnée que par un nombre très restreint de chefs parmi lesquels l'ancien chef *Maduda* décédé, le chef actuel *Kele Luzi*, les chefs *Singinini* et *Mue Dongo*, ce dernier est à Ganda Sundi et, enfin, le *bula Matadi* de Sekembanza.

A ce dernier chef appartenait le droit de conférer aux autres le pouvoir d'ordonner la peine de mort; il est très vieux, invisible pour les blancs, et commande à la région de Vungu occupée par la tribu Manianga.

Le postulant au pouvoir de donner la peine de mort devait payer de très fortes sommes, faire preuve de grande richesse, avoir beaucoup de prestige et être issu d'une grande famille de chefs. Lorsqu'il avait fourni toutes les preuves demandées, au jour fixé, le *bula Matadi* lui remettait, en présence de tous les chefs réunis, sous forme de fétiche, le pouvoir d'ordonner la peine de mort. Le fétiche, emblème de ce pouvoir, consistait en un paquet d'ingrédients de tous genres enveloppés dans un morceau de peau de léopard d'où sortait, en forme de chasse-mouches, un faisceau de nervures de feuilles de palmier.

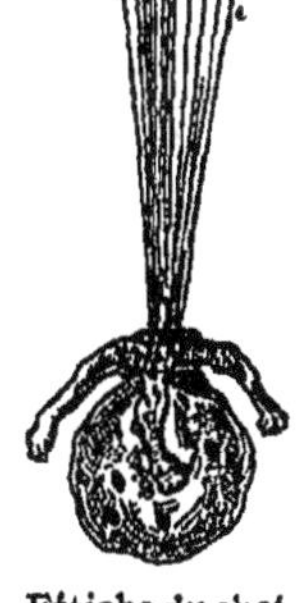

Fétiche du chef ayant droit d'infliger la peine de mort.

La dernière condamnation à mort fut ordonnée par l'ancien chef *Maduda* de la tribu *Kavati* et eut lieu, il y a environ vingt-cinq ans, quelque temps avant l'installation de la mission protestante de ce nom.

Un homme libre se trouvait provisoirement à l'état d'esclave pour payer une dette envers le chef *Maduda*. Il avait promis de rester au village jusqu'à sa libération complète. Un jour, il s'enfuit, mais il fut malheureusement repris et condamné à mort. Tous les notables des environs intercédèrent en sa faveur et offrirent d'acquitter ses dettes et au delà : rien n'y fit. Ordre fut donné de lui casser bras et jambes au moyen d'un pilon de bois dur et de l'enterrer vivant jusqu'au cou, ce qui fut fait. Il vécut trois jours dans cette position, hurlant de douleur et de soif; des courtisans répondaient à ces cris en urinant sur sa tête. Le troisième jour, un individu eut pitié de lui et, clandestinement, lui enfonça un couteau dans la gorge.

Le *vangu* consistait en un gros bois terminé d'un côté en fourche et long de 2 à 3 mètres. Le cou du patient était introduit dans l'angle de la fourche dont on réunissait les deux bouts par une tige de fer. Le condamné était couché sur le dos tandis que l'autre bout du *vangu* était attaché au faîtage du toit.

Les femmes qui refusaient d'habiter avec leur mari étaient quelquefois condamnées à cette peine pendant une ou plusieurs semaines. Dans ce cas, le mari les emmenait avec lui pour la récolte du vin de palme, il portait sur l'épaule le bout libre du bois. A sa descente des palmiers, il lui faisait boire du vin de palme pour l'apprivoiser.

Lorsque le délinquant était jeune et sans soutien il était vendu au loin.

En cas de crime, la famille entière était rendue responsable.

Quand un crime était connu, la famille de la victime, aidée des gens du chef, allait ravager le village du criminel, dont on s'emparait si possible, ainsi que d'un certain nombre de personnes. Généralement, le criminel était remis à la famille de la victime; celle-ci le tuait ou lui faisait payer tel nombre d'esclaves.

Il arrive que les otages sont retenus au moyen d'entraves en fer.

Anciennement, les voleurs étaient mutilés; on leur coupait les oreilles ou la main. Il m'a été cité quelques cas de mutilation à la suite d'adultère, mais le fait n'était qu'exceptionnel.

Les peines variaient suivant la gravité du délit, mais surtout d'après la situation sociale du délinquant.

La preuve se faisait au moyen de témoins, mais principalement par le poison et le feu.

L'épreuve du poison avait lieu lorsqu'une personne était accusée d'avoir causé la mort d'un chef ou d'un notable en lui jetant un sort.

La rumeur publique ou le féticheur ayant désigné le sorcier, celui-ci devait se laver de cette accusation en avalant une certaine quantité d'écorce pulvérisée de l'arbre *kasa*. Un jour avant l'épreuve, l'individu était enfermé dans une hutte et surveillé de très près pour qu'il ne prenne aucun aliment; pendant ce temps, le *ganga kasa* se rendait dans la forêt, y prenait la quantité d'écorce voulue et la réduisait en poudre pour la former ensuite en boulettes.

Le féticheur détermine le nombre de boulettes nécessaires pour tuer le mauvais esprit, généralement de quatre à six; enfin, une dernière boulette est délayée dans un pot d'eau. Ce breuvage doit aider le patient à avaler le poison. S'il se refuse à le prendre il est considéré comme sorcier, mis à mort et son cadavre brûlé.

L'absorption du poison est annoncée par un coup de fusil et quand la victime vomit, les membres de sa famille qui assistent à l'épreuve tirent trois coups de fusil en signe de réjouissance. La personne qui échappe aux effets mortels du poison est couverte d'étoffes neuves, reçoit des cadeaux et on organise des danses en son honneur.

L'épreuve du poison était souvent suivie d'une guerre entre les deux familles, car tous les assistants étaient armés.

Il arrivait aussi que la victime était rachetée par sa famille avant que le poison l'ait tuée. Dans ce cas, on lui faisait un grand nombre d'incisions sur tout le corps, on y introduisait du jus de citron et on lui en faisait boire.

Lorsque le poison fait son effet, la victime éprouve une sensation de brûlure sous la peau, les jambes s'engourdissent et ensuite tout le corps. Ceux qui échappaient aux effets du poison reprenaient leur rang social. Les notables riches et puissants ayant beaucoup de partisans n'étaient jamais accusés et un indigène riche pouvait éviter l'épreuve en payant, mais il était ruiné. Le pauvre, sans soutien, était tué même lorsqu'il avait vomi; on le faisait danser jusqu'à ce qu'il tombe d'épuisement.

Les indigènes attachent, encore actuellement, une grande importance à cette épreuve; ils prétendent qu'il y a beaucoup plus de décès depuis qu'ils ne peuvent plus tuer les esprits par le poison.

L'épreuve du feu se faisait dans les cas moins graves et surtout dans les cas d'adultère; elle consistait en ceci : lorsque l'accusé niait les faits qui lui étaient reprochés, un couteau était chauffé à blanc et passé rapidement sur le bras ou la jambe; lorsqu'il y avait brûlure, l'accusation était réputée fondée. Cette épreuve était parfois accompagnée de danses.

Comme dans l'épreuve du poison, la position sociale avait une grande influence sur le résultat; il arrivait même que le féticheur faisait l'épreuve sur son propre bras ou jambe pour compte de l'inculpé riche qui craignait la brûlure.

Il arrivait aussi que l'individu soupçonné d'un acte délictueux peu grave jurait sur le fétiche qu'il n'était pas coupable. Ce serment se nomme *kufiba lubao* (sucer une pointe).

L'inculpé prenait un morceau de fer dont il mettait l'extrémité pointue en bouche, puis l'enfonçait dans le corps ou la tête du fétiche en disant : « Je n'ai pas commis l'acte dont on m'accuse; si je mens que le fétiche me punisse en m'octroyant une maladie grave. » Ces fétiches se nomment, dans certains villages, *mabiala ma dembé;* cependant leur nom diffère d'une région à l'autre, et ils conservent celui qui leur a été donné par qui les a fabriqués. Certains de ces fétiches ont plusieurs centaines d'années d'existence.

ORGANISATION POLITIQUE

La tribu est formée par un nombre plus ou moins grand de villages ; elle comprend tous les éléments d'une ou plusieurs familles issues de la même souche. Seuls, les éléments nobles ou libres comptent dans la tribu ; ils se complètent par les femmes, les esclaves des deux sexes et les enfants.

Un village est composé d'un homme libre, de ses femmes, de ses esclaves et de ses enfants. Il arrive que plusieurs hommes libres s'entendent pour former un même village ; ils désignent alors l'un d'eux comme chef et lui obéissent.

Chaque village est une unité indépendante, n'obéit au chef de la tribu qu'à raison de sa parenté et à condition qu'il n'intervienne pas dans ses affaires privées.

La tribu comprend donc des chefs, des hommes libres *(fumu)*, des fils de chefs *(muana fumu)*. Ces derniers sont très considérés, parce qu'ils appartiennent à des tribus étrangères, qu'ils ne s'occupent pas des affaires du village et qu'ils président à toutes les chasses, festivités et danses ; ils cherchent à passer leur jeunesse le plus agréablement possible, même au grand détriment de la bourse de leur oncle maternel, qui doit payer toutes leurs fredaines. Viennent ensuite les femmes mariées aux hommes de la tribu, les esclaves des deux sexes et les enfants.

On trouve dans chaque tribu des féticheurs de tous genres, mais on a généralement recours aux féticheurs des tribus voisines, sauf pour les épreuves du poison et du feu.

Il n'est pas aisé de distinguer les esclaves des hommes libres ; ils vivent tous en famille et sont considérés comme les enfants. Ils ne manquent de rien et ne sont astreints qu'à quelques petits travaux, tels la récolte du vin de palme, la fabrication de l'huile et la cueillette de noix palmistes. Ils peuvent avoir plusieurs femmes et, quand ils sont intelligents, ils deviennent *capita* (second du chef) ; on les emploie comme *vuala*, délégués dans les palabres ; comme *zonzi*, avocats, batteurs de gong et on leur confie la garde des fétiches.

Les esclaves le sont : 1º par naissance, parce que fils de femme esclave ; 2º volontairement, pour acquitter une dette ; ou le deviennent pour avoir commis un délit. Ils habitent le village de leur maître.

L'indigène du Mayombe mène une vie sédentaire. Tout le pays étant occupé, il ne pourrait quitter les limites du territoire de sa tribu, et si rien ne s'opposait à une vie nomade, il est probable qu'il ne quitterait pas un pays qui lui procure le nécessaire par la culture, l'élevage du bétail, les fruits de la forêt, le gibier de chasse et la pêche.

Il n'y a chez eux aucune organisation relative à l'impôt, droit ou taxe ; le chef de la tribu fait appel à la générosité de ses sujets lorsqu'il a des difficultés personnelles. Pour la tribu ou pour le déplacement du village, cet appel se nomme *passi;* tous les chefs et notables paient la part demandée; mais, en revanche, un chef de village peut demander le *passi* au chef de tribu qui est tenu à l'aider.

Anciennement, les *Makondé, Mankata, Masilisa* et *Maremba,* reines et princesses, ou plutôt courtisanes, chefs de village, demandaient l'impôt *pako* à leur passage dans les villages de la tribu. C'était plutôt une extorsion, tolérée surtout quand la courtisane était jeune et sympathique.

Chaque tribu a un chef qui se nomme *Fumu Nsi* ou *Fumu Kulutu.* le pouvoir est héréditaire; du frère aîné il passe au cadet et au fils de la sœur. La femme peut succéder à son frère, mais ces cas sont assez rares.

Le chef de tribu est respecté par tous les indigènes de la tribu; il est maître de la région occupée par ses sujets.

En dehors des chefs de tribu, il y a les chefs de village *(Fumu Buala);* ceux-ci sont maîtres de leur village; ce sont généralement des chefs de famille. Il peut exister, dans chaque village, un certain nombre d'hommes libres ou nobles; tous ces titres ou qualités sont héréditaires.

Il existe des femmes libres qui sont placées à la tête de petits villages, ce sont les *Makondé,* les *Mankata,* les *Masilisa* et les *Mavemba.* Elles sont désignées par le chef de la tribu et sont préparées, dès leur jeune âge, aux futures fonctions de chef. Elles portent toujours sur la tête un béret indigène.

Le chef de la tribu ne prend de décisions qu'après avoir réuni tous les chefs de village et les principaux notables; il se rallie au désir de la majorité influente. Il en est de même dans les grands villages.

Il existe, dans chaque village, un ou plusieurs *capitas* désignés par le chef. C'est à eux qu'incombent l'organisation des fêtes et la réception de l'étranger; ils veillent au nettoyage et à la sécurité du village, communiquent les ordres du chef aux habitants et font la police.

Les chefs de tribu entretiennent l'amitié de leurs voisins au moyen de cadeaux; le plus faible recherche toujours l'amitié du plus fort.

Les étrangers sont, autant que possible, conduits dans le village du chef de la tribu. C'est lui qui fait les cadeaux et les reçoit. Lorsque l'étranger est de grande importance, les chefs de village sont tenus de lui apporter leurs petits cadeaux, qui sont remis à l'hôte par l'intermédiaire du chef de tribu. Ce dernier seul semble recevoir les cadeaux qui sont rendus en échange, mais il offre à boire et à manger à ses sous-chefs.

La force armée est composée de tous les hommes valides de la tribu ou du village, munis de fusils à pierre ou à pistons. Elle est dirigée par le chef ou le *capita* et les hommes sont réunis au son du tambour de guerre. Le signal d'alarme consiste en trois sons de même valeur sur le gong. Ce signal sert aussi à apaiser la tempête.

Il n'y a plus de guerre dans le Mayombe, mais il arrive encore que des villages sont pillés par leurs voisins; cela se pratique lorsque l'un d'eux ne veut pas se soumettre à la sentence d'un jugement rendu par le chef ou un arbitre.

La pénétration européenne dans le Mayombe a eu pour résultat de transformer complètement les mœurs, d'assurer la paix, la sécurité sur les routes et de faire disparaître toutes les coutumes barbares. Les indigènes, très commerçants, reconnaissent tous ces avantages; aussi les fonctionnaires, les missionnaires et les commerçants sont très bien reçus dans les villages.

L'indigène s'assimile fort bien la civilisation européenne; il a de grandes qualités commerciales et connaît les lois, auxquelles il se soumet sans grande difficulté. Les jeunes gens font leur possible pour apprendre le français; ils apprennent vite à lire et à écrire. La population mayombe est laborieuse et intelligente.

PHÉNOMÈNES DE LA VIE RELIGIEUSE

Les indigènes pratiquent le fétichisme. Un sculpteur quelconque fabrique les fétiches, mais c'est le féticheur et le propriétaire qui leur font acquérir la puissance. Chaque fétiche est consulté ou convoqué d'une façon spéciale. Il y a des fétiches protecteurs du village, de la famille, pour la guerre, pour la chasse et pour toutes sortes de maladies; des fétiches pour les promesses et les serments et pour la garde des propriétés et des champs.

Les noms des fétiches *kosé*, *bingu* et *gaka* sont invoqués par les femmes de l'ouest dans leurs crises d'amour.

Il existe aussi des fétiches contre la pluie et pour la fécondité des femmes.

Le fétiche *kunia* a le pouvoir de déformer la colonne vertébrale, de provoquer des excroissances de chair, des goîtres et la paralysie; il a aussi le don d'en préserver ceux qui le lui demandent.

Le *benza kissi* guérit les maladies de poitrine et en préserve ceux qui se sont soumis au cérémonial.

Les fétiches affectent les formes les plus diverses; ils sont en bois ou en pierre, de forme humaine; parfois c'est une poterie contenant toutes sortes de choses; d'autres fois un morceau de peau ou d'étoffe contenant des ingrédients. Il y en a en forme de petites huttes contenant une boîte ronde dans laquelle se trouve un mélange résineux (contre la syphilis) ou un coquillage contenant des médicaments. Enfin le fétiche *lemba*,

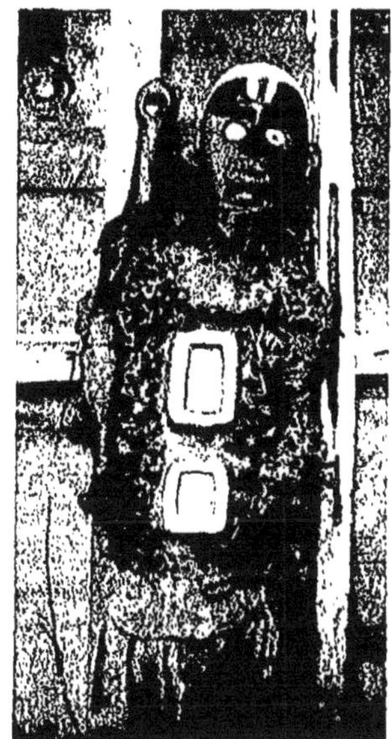

1. FÉTICHE POUR LE SERMENT.

2. FÉTICHE.

4. SCULPTURES.

3. FÉTICHE.

4. SCULPTURES : De gauche à droite : 1. Femme avec un enfant sur ses genoux; 2. Poire à poudre; 3. Homme tenant sa barbe; 4. Pommeau de canne en ivoire; 5. Pommeau de canne en bois : femme avec un enfant.

pour les mariages de ce nom, est caché au fond de la hutte et représenté, à l'extérieur, par la plante lemba.

Il est impossible d'énumérer tous les fétiches; chaque village, chaque famille, chaque individu a les siens et leur donne des noms et même des formes différentes.

L'évocation de la puissance du fétiche se fait soit en exprimant le désir par quelques mots, soit en lui enfonçant un clou ou en lui soufflant des arachides mâchées à la face, soit en prenant un peu de produit dans les bourses qui y pendent.

Le jour de chasse, les chasseurs ou simplement le propriétaire des chiens passe devant le fétiche en forme de petite hutte contenant des os et des cornes de gibier.

Le fétiche de la guerre consiste quelquefois en deux grosses lianes barrant les entrées du village avec, dans le milieu, une grosse boule de lianes enchevêtrées, telles les boules employées par les marins pour empêcher les heurts contre les flancs du bateau. Parfois c'est une marmite remplie du liquide dans lequel les guerriers trempent le doigt le jour du départ.

En général, l'indigène craint les fétiches étrangers, car il est superstitieux; mais il ne croit pas beaucoup dans la puissance de ceux qu'il possède.

Le christianisme s'introduit depuis de nombreuses années dans les populations mayombe; elles parlent de Dieu qu'elles nomment *Zambi*; elles lui attribuent ce qu'elles ne savent expliquer. La phrase *samu dia Zambi* (vient de Dieu, affaire de Dieu, dépend de Dieu) est la réponse à toute question embarrassante.

C'est aux missionnaires qu'il y a lieu d'attribuer le peu de cas qu'ils font actuellement de leurs fétiches; ils s'en débarrassent assez facilement et nombre d'entre eux sont conservés comme simple souvenir, parce qu'il ont toujours suivi le titre hérité par leur possesseur.

Les indigènes n'ont pas le culte des forces de la nature, ni des phénomènes physiques. Ils croient aux revenants et sont très peureux le soir. Le mot revenant se traduit par *kuya*. Ce sont des personnes méchantes et les sorciers qui reviennent le soir sous forme de *kuya;* sauf ceux qui ont des notions de notre religion, ils ne croyent pas à une vie future. Ils ont cependant la notion du bien et du mal et montrent beaucoup de pudeur. Les hommes évitent tout acte malsain ou impudique, surtout en présence de femmes. Pudeur et honte se traduisent par le mot *soni.*

Ils sont également très charitables et ne refusent jamais de la nourriture à qui leur en demande. Ils seraient honteux de continuer leur repas avant d'avoir invité celui qui se trouverait à proximité.

Sauf le fétichisme, les populations mayombe ne pratiquaient aucune religion.

Les féticheurs occupent, dans la société, un rang en rapport avec leur puissance et leur richesse; ils se créent donc eux-mêmes leur situation et sont plutôt craints.

Deux cérémonies sont intéressantes : l'une a lieu devant le *Benza Kissi* et forme les gens *Kusemoka;* l'autre forme les *Makimpas.*

La première est subie par les enfants qui souffrent de la poitrine et par les hommes après la naissance de leur premier enfant.

Pour les enfants des deux sexes et les femmes atteints du mal de poitrine, la cérémonie se passe derrière la hutte et porte le nom de *kusemoka lukodia.* Le *Benza Kissi* est remplacé par un coquillage dans lequel se trouvent mélangés de la poudre du fétiche *Benza Kissi* avec de la sève de *sanga vulu (kuissa, bossa, sanga),* plante astringente.

Le féticheur, nommé *Ganga Benza,* trace des lignes blanches et rouges sur la poitrine des intéressés et leur recommande de ne plus manger en partage avec ceux qui n'ont pas subi la cérémonie, la viande des animaux qui sont attribués au fétiche, soit : le *kaka,* pangolin; le *zobo,* civette; les *zuzi* et *lingi,* genettes; le *bako,* chat sauvage; les poules et toute nourriture qui a été touchée par une poule; la tête et la poitrine du porc.

Pour les femmes, la cérémonie est présidée par la féticheuse *Malanda Mavungu.*

Les hommes qui subissent cette cérémonie après la naissance du premier enfant, se rendent dans la forêt devant le *Benza Kissi* en compagnie du *Ganga Benza.*

Le *Benza Kissi* est un fétiche en pierre rayé de rouge et blanc, caché dans un endroit peu fréquenté de la forêt.

L'homme se met nu, fait une espèce de confession et le cérémonial est le même que pour l'enfant.

Les femmes ne subissent pas le cérémonial devant le *Benza Kissi.*

Ceux qui ne font pas partie de cette secte sont nommés *semi.*

Les hommes qui sont *kusemoka* devant le *Benza Kissi* ont du prestige sur les autres. Ainsi, pour empêcher ces derniers de manger, il leur suffit de prononcer le mot *gungu* et ils doivent, en tout cas, toucher la nourriture avant que les jeunes puissent manger.

Pendant la cérémonie, les indigènes prennent un nouveau nom qu'ils ajoutent à celui qui leur a été donné à leur naissance.

Les *Makimpas* forment une secte d'initiation [1]. Toute la population se compose de *Makimpas* et *Gualas,* ceux qui ne l'ont pas été. Au début de la saison sèche, le chef réunit tous les jeunes gens qui ne sont pas

---

1. Voir au sujet de cette secte l'étude de L. BITTREMIEUX : *De geheime Sekte der Bakhimba's;* Leuven, 1911. Cette monographie, dont la *Revue congolaise* a publié un chapitre important (t. II, pp. 162 et suiv.), est un modèle de documentation précise et méthodique. (N. D. L. R.)

encore initiés, *guala*, et les invite à se présenter devant le *Ganga Makimpa* qui se chargera de leur initiation.

Ils commencent par construire, suivant leur nombre et à peu de distance du village, une ou plusieurs huttes qu'ils doivent habiter. Le toit n'en peut être supporté par aucun bois de faîtage.

Dès leur arrivée, on leur fait manger le *gulu tongo* qui consiste en gros morceaux de bananes trempés dans un mélange épais de terre blanche. Chaque novice doit avaler un morceau et son courage est relevé parfois par quelques coups de rotin; ils reçoivent alors le nouveau nom.

Le *Ganga Makimpa* communique alors le programme et les règles à suivre. Ils ne peuvent se vêtir d'aucune étoffe et, dans la forêt, ils doivent toujours être nus, le corps peint en blanc. Pour se rendre au village et pour les danses, ils doivent revêtir une espèce de robe en fibres retenue aux hanches par une ceinture rigide et fermée. Le corps et la figure sont blanchis au moyen de kaolin; le blanchissage doit se faire tous les matins et avant chaque danse.

Quand ils sont dans la forêt, pour éviter d'être vus par les femmes, ils doivent chanter ou battre une petite cloche dont ils sont tou-

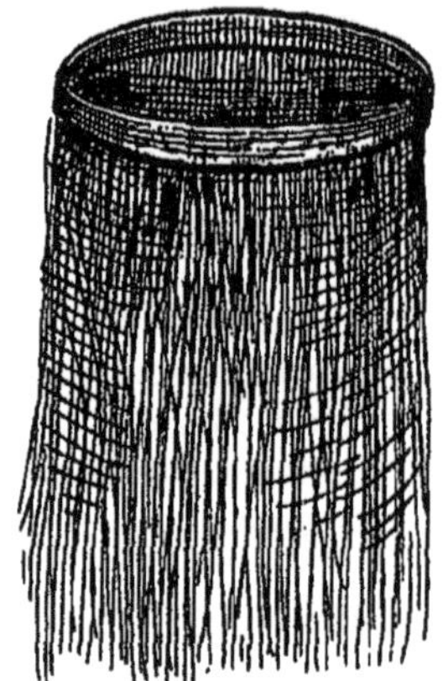

Pagne de makimpa.

jours porteurs. S'ils sont surpris par une femme alors qu'ils n'avaient pas annoncé leur présence, ils sont astreints à payer une amende à la personne dont la vue a été offusquée; dans le cas contraire, c'est l'indiscrète qui doit payer au féticheur.

Les *makimpas* restent, dans cette situation, trois mois pendant lesquels ils apprennent un langage secret combiné de beaucoup de *r* et de *tshrrr;* ils construisent des huttes et apprennent à danser. Pendant tout ce temps, ils ne peuvent jamais se trouver dans une hutte dont le toit est soutenu par un bois de faîtage et ne peuvent avoir aucun contact avec les femmes, sauf une qui s'occupe de la préparation de la nourriture et qui est elle-même *makimpa*.

Lorsque le chef ou *tenda* juge l'initiation terminée et qu'il n'y a plus de huttes à construire au village, il fait préparer le *Gulu Makanu*. Il est apprêté près d'une rivière, dans un trou en terre, par la femme qui s'est occupée de la préparation des aliments pendant toute la durée de l'épreuve. C'est un liquide sale dont on ignore le contenu; chacun en boit une certaine quantité, puis le *Ganga* les ramène au *koso* où il les place sur une estrade en bambou. Ils y chantent et répètent leur vocabulaire et, après avoir juré de ne communiquer à personne ce qu'ils ont fait et appris, le *Ganga* leur ordonne d'uriner le *gulu makavu*. Ils vont ensuite tous ensemble à la rivière, puis rentrent dans leur famille. De grandes danses sont organisées dès leur retour au village.

Celui qui ne serait pas parvenu à uriner est censé atteint de grave maladie et soigné en conséquence. Généralement il meurt.

Les noms des *makimpas* sont : *Nianga, Lusala, Makwata, Matundu, Pezo, Malanda*, etc.

De ce qui précède, il y aurait lieu de croire que la coutume des *makim-pas* se rapporte à la circoncision. Les indigènes m'ont certifié qu'il n'en était rien ; cependant je suis porté à croire que, si l'opération en commun a disparu, le cérémonial qui l'accompagnait est resté dans les mœurs. Ce qui me le fait supposer c'est que, dans certaines régions, ils portent à la ceinture, au dessus du pagne de fibre, une grossière représentation arti-

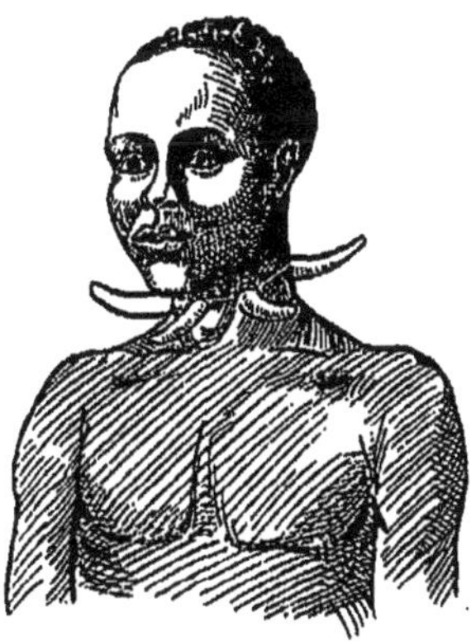

Collier de makimpa en bananes séchées.

culée, en bois, du membre sexuel de l'homme. La circoncision se traduit par *zunga ;* la personne qui a été makimpa est *zunga.*

Pour les danses, les *makimpas* ont le corps et la figure peints en blanc ; ils portent au cou un collier fait de morceaux de bananes séchées et blanchies ; comme vêtement, une ceinture rigide à laquelle sont attachées des feuilles de palmier et des fibres de rafia.

C'est en dansant qu'ils apprennent le langage nouveau, les règlements et leurs obligations. Ces danses se font en rond ou en ligne ; elles représentent parfois des simulacres de combat ; deux *makimpas,* l'un muni d'un petit fusil en bois, l'autre d'un grand couteau également en bois, se placent dans le cercle formé par les autres. Ils simulent l'attaque et la défense pendant que ceux du cercle chantent. Parfois le cercle étant formé, chaque *kimpa*, à son tour, exprime une phrase dans un langage rude et rempli de *r* et de *tshrrr* cette phrase, suivie d'un refrain, doit être répétée par tous les autres.

Dans leur déplacement, ils ont un grand bâton en main.

C'est le chef de la tribu qui convoque les *makimpas* et c'est lui qui désigne le *ganga* ou *tenda.*

Le nombre de *makimpas* est illimité et on en voit de tout âge entre 8 et 20 ans.

Pour les danses, ils entrent au village à la file indienne ; ils vont dans tous les villages de la tribu, mais principalement dans celui du chef qui les dirige ou qui les a réunis.

En dehors des heures d'initiation, ils vaquent, dans leur village, à leurs occupations pour faire leur vin de palme, leur huile et pour les constructions. Quand ils y viennent, ils mettent le pagne de fibre.

L'initiation se fait en partie au village, mais ils fuyent à l'approche de tout étranger. Cependant les règles à ce sujet ne sont pas sévères car, à Tshela, ils venaient eux-mêmes payer leur impôt en tenue de *kimpa*.

Anciennement, ils ne pouvaient avoir aucun contact avec des étoffes européennes et il est probable que les infractions au règlement étaient sévèrement punies ; actuellement elles ont peu d'importance, et je connais des indigènes qui ont interrompu l'initiation commencée.

Le chef aime beaucoup à montrer le savoir des *makimpas* de sa région.

Les cadeaux qui sont donnés lorsqu'ils vont danser passent au *tenda*.

Les femmes peuvent également être *kimpas*, mais elles ne quittent pas la hutte et elles ne diffèrent des autres que parce qu'elles doivent toujours avoir le nombril couvert par une ceinture.

Les *makimpas* reçoivent de la nourriture de leur femme ou de leurs parents, mais ils ne peuvent pas pénétrer dans la hutte.

PHÉNOMÈNES ESTHÉTIQUES

L'art chez l'indigène du Mayombe est décoratif ; les objets affectent les formes primitives du dessin et de la sculpture représentant les principaux actes de la vie où les personnages sont figurés dans leur position préférée ou dans des poses symboliques. Ainsi, la femme est généralement représentée assise, tenant un enfant sur les genoux. Les artistes sont appréciés, mais ils ne forment pas une caste, leur rang social dépend de leur richesse.

Anneau du mariage Lemba.

Pommeau de canne en cuivre.

Généralement, tous les objets sont ornés de dessins grecs, de caricatures humaines ou d'animaux. Les matériaux employés pour la sculpture sont : le bois, le cuivre, le zinc et la pierre.

Les fétiches, les postures de tombes et les cannes de chefs sont sculptés dans le bois. Le cuivre sert à la fabrication des anneaux du mariage *lemba*, des pipes et des pommeaux de canne.

Les objets de cuivre et de zinc sont obtenus comme suit : l'objet à représenter est sculpté dans le bois, puis cette forme est placée dans du sable humide de manière à former un moule, le cuivre fondu est versé dans le moule. Le polissage se fait au moyen de sable et d'un couteau en fer. Certaines pipes sont sculptées dans la pierre tendre et incrustées de zinc. Il existe aussi de petites sculptures en ivoire. Le seul instrument employé est le couteau, les objets sont polis au moyen de feuilles très rugueuses.

On trouve aussi des manches de couteau incrustés de zinc, des poteries ornées de dessins et garnies de coquillages ou de morceaux de faïence.

Les instruments de musique sont : le petit piano à tringle de fer; la guitare à cinq cordes formée d'une caisse à résonnance, en bois léger, à laquelle s'attachent cinq baguettes sur lesquelles sont tendues des cordes formées de fibres tirées des pétioles du palmier; les clochettes géminées faites en fer dont on tire deux sons au moyen d'un petit bâtonnet.

Il y a trois espèces de tambours de danse : 1° le long tambour de plusieurs mètres et d'un diamètre de 30 cm. à l'extrémité la plus large; 2° le tambour court de 50 à 60 cm. tendu de deux peaux égales, larges de 25 cm.; 3° le tambour pour les cérémonies funèbres en forme de timbales, tendu d'une seule peau dont le diamètre est de 50 à 60 cm., tandis que, dans le milieu, la largeur atteint 1 m. *(goma sikulu).*

Il y a encore le gros gong servant à communiquer à distance, formé d'un tronc d'arbre de *kambala*, vidé au tiers de sa profondeur par une ouverture étroite de 5 cm. et occupant toute la longueur. Les sons sont obtenus en frappant les deux lèvres d'inégale épaisseur au moyen de battants taillés en forme de massues dans des pétioles de palmier.

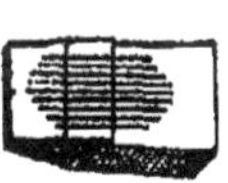

Pour les réjouissances, les indigènes fabriquent également des flûtes de pan au moyen de roseaux vidés, de différentes longueurs et reliés ensemble.

Il y a des musiciens de profession, tels les batteurs de tambour qui sont très estimés par la jeunesse; ils reçoivent beaucoup de cadeaux. D'autres musiciens et chanteurs sont quelquefois invités par des notables à donner des sérénades pendant la soirée, moyennant des cadeaux. Ils chantent les louanges de ceux qui les payent.

S'ils sont très appréciés les musiciens ne s'enrichissent guère; ils sont recherchés pour les plaisirs, mais ils restent dans un rang social inférieur; ils ne sont pas consultés.

La danse consiste à tourner en rond devant les tambours, en agitant les hanches et les épaules et en avançant par petits pas; les femmes frappent les uns contre les autres les anneaux qu'elles portent aux chevilles.

Tous mettent, pour la danse, leurs plus beaux vêtements et tous les ornements : perles, grelots, coraux, etc.; les femmes tiennent en main un mouchoir qu'elles font tournoyer et avec lequel elles essuyent le front des batteurs de tambour. Un chanteur donne le ton de la chanson dont les paroles sont fredonnées et inintelligibles, mais comprises par les danseurs. Ce sont généralement des phrases satiriques.

Quelquefois les danseurs s'arrêtent, font face vers l'intérieur du cercle et, au son d'une chansonnette monotone accompagnée de battements de mains, des femmes sortent des rangs et s'avancent en dansant vers le tambour. Elles font alors admirer leur souplesse et leur déhanchement et rentrent ensuite dans les rangs.

Il n'existe pas de danseurs de profession, mais les bons danseurs sont très appréciés; il en est de même des femmes qui montrent beaucoup de souplesse dans leurs mouvements.

VIE INTELLECTUELLE

Au moyen d'incisions faites sur un bâton ou de nœuds dans une corde, l'indigène tient compte des paiements qu'il a faits, du nombre de jours qu'il a été employé ou des avances reçues. En résumé, grâce à ces incisions et à ces nœuds il entretient, dans sa mémoire, le souvenir de tous les actes de sa vie et de ses opérations commerciales. Les incisions faites sur le bâton de voyage indiquent le nombre de jours d'absence.

Les nœuds dans les cordes rappellent surtout les opérations commerciales : sommes payées pour règlement de palabres; nombre de jours retenu prisonnier; sommes payées à titre de dot en vue d'un mariage; objets disparus pendant le pillage du village.

Dans les palabres, les faits et les paiements sont aussi notés au moyen de pierres et de noix de palme.

Grâce aux cordelettes à nœuds et aux incisions dans les bâtons, ils communiquent aisément leurs affaires à d'autres personnes. Ces signes ne pourraient suffire cependant à établir les faits, mais ils aident à retenir les explications verbales.

La langue mayombe diffère peu de la langue parlée dans la région des cataractes, tous les indigènes se comprennent. La grammaire est très compliquée et les formes irrégulières sont nombreuses.

Le R. P. De Clercq a fait une excellente grammaire kiyombe parue en 1907, dans la Revue internationale linguistique *Anthropo*.

Il existe des langages conventionnels dont se servent les chefs, les féticheurs, les *makimpas*, mais ils sont généralement locaux et ne sont compris que par quelques individus d'un même village. Ces langages consistent en quelques phrases complétées par des mots dont la signification est changée. N'y sont initiés que ceux qui ont intérêt à en conserver le secret.

Les indigènes peuvent communiquer à distance, au moyen du gong; leurs moyens sont cependant assez restreints. Les communications les plus usuelles sont : l'appel du chef, l'appel à la danse, l'annonce de l'arrivée du blanc avec ou sans soldats, le départ du blanc, l'appel à tous les notables, l'appel aux armes.

L'indigène compte sur les doigts, au moyen de pierres, de nœuds dans une corde, d'incisions dans un bâton, de traits par terre.

Les pierres, nœuds, incisions et traits représentent souvent les dizaines ou les centaines.

La numération parlée de 1 à 20 se traduit par *moci, zolé, tatu, ya, tanu, sambanu, sambuadi, nana, vua, kumi, kumi moci, kumi zolé, kumi tatu*, etc., *makumi mole* ou *makumolé* (20).

Les dizaines sont : *kumi, makumi mole* ou *makumolé, makuma tatu, makuma ya, makuma tanu, makuma sambanu* ou *lusambanu, lusambuadi, lunana, luvua, kama* (100).

Kama je moci (101), *kama zole ye moci* (201), *veve* (1,001), *kiazi* (100,000).

L'énonciation des dizaines et des centaines est appuyée d'un battement de mains, les doigts joints.

Les jours de la semaine s'indiquent au moyen d'une planchette trouée de 8 trous, une petite brochette bouche le trou correspondant au jour qu'il s'agit de se rappeler. Ces 8 trous correspondent à deux fois 4 jours de la semaine indigène; actuellement, on trouve des planchettes à 7 trous se rapportant aux 7 jours de notre semaine.

Sauf les paris pratiqués surtout entre les hommes, il n'existe aucun jeu; comme délassement les indigènes s'adonnent à des causeries.

Les nobles ou hommes libres connaissent l'histoire de leur famille; ils apprennent cette histoire dans les causeries du soir et dans les discussions qui surgissent au sujet des règlements de palabres et des successions.

Ils connaissent la topographie de leur région, le nom des rivières, des montagnes et des divers endroits; ils savent où sont la source et l'embouchure des rivières des environs.

Les indigènes n'ont que peu de notions d'astronomie; le soleil se traduit par *tangu*, la lune par *gondé*, les étoiles par *buetete*.

Ils comptent par lunes et par saisons; celles-ci sont au nombre de quatre, savoir : *sivu*, saison sèche pendant les mois de mai, juin et juillet; *bangala*, pendant les mois d'août, septembre et octobre; *tombo*, première partie de la saison des pluies; *dolo*, derniers mois des fortes pluies.

Les opérations chirurgicales les plus fréquentes consistent dans le placement de ventouses après incisions dans la peau, les tatouages, l'extraction de projectiles par succion ou au moyen d'une corne après avoir débridé la plaie; la circoncision.

Le chef *Benza Mavunguta* m'a certifié que le tibia de sa jambe droite a été remplacé par un morceau de bois de kula. Cette jambe est très faible et plus mince, il ne peut s'y appuyer que très faiblement et la peau, sur le devant porte des traces d'ancienne plaie. Cette opération aurait été faite il y a de nombreuses années.

La poudre de bois de *kula* leur sert d'antiseptique et la guérison s'obtient au moyen de certaines feuilles.

Je considère l'indigène du Mayombe comme très intelligent; sa mémoire est bonne; il imagine des histoires et des faits qu'il conte très naturellement avec force détails comme si les choses étaient réelles. Aux demandes qui lui sont adressées, il cherche à répondre dans le sens qui lui paraît le plus agréable au questionneur, sans s'occuper de la vérité; il est naturellement menteur.

Il comprend très vite ce qui lui est expliqué ou demandé, mais généralement, il hésite parce qu'il cherche à connaître les intentions ou le but poursuivi par son interlocuteur.

Il est très observateur et montre beaucoup de bon sens dans ses raisonnements.

L'indigène n'est prévoyant qu'en vue de sa mort; toute son ambition est d'avoir un enterrement digne de son rang; dans ce but, il amasse de la poudre, des faïences et des étoffes, mais, en dehors de ce cas, il ne s'occupe guère du lendemain. La nature a richement pourvu son pays au point de vue culture, gibier et petit bétail. C'est là peut-être la cause de son insouciance.

TABLE DES MATIÈRES